DELIUS KLASING

SUZE CLEMITSON
MARK FAIRHURST

# P WIE PELOTON

## DAS A BIS Z DES RENNRADSPORTS

AUS DEM ENGLISCHEN
VON RENÈ STEIN

DELIUS KLASING VERLAG

Die englische Originalausgabe mit dem Titel *P is for Peloton* erschien 2015 bei Bloomsbury Publishing Plc.

Bibliografische Information der Deutschen Nationalbibliothek
Die Deutsche Nationalbibliothek verzeichnet diese Publikation in der Deutschen Nationalbibliografie; detaillierte bibliografische Daten sind im Internet über http://dnb.dnb.de abrufbar.

1. Auflage
ISBN 978-3-667-11059-6
Die Rechte für die deutsche Ausgabe liegen beim Verlag Delius Klasing & Co. KG, Bielefeld

Aus dem Englischen von René Stein
Lektorat: Stephanie Jaeschke, Mathias Müller, Petra Schomburg
Einbandgestaltung: Felix Kempf, www.fx68.de
Layout: Austin Taylor
Satz: Gabriele Engel, Bielefeld
Gesamtherstellung: Print Consult, München
Printed in Czech Republic 2017



Delius Klasing Verlag, Siekerwall 21, D - 33602 Bielefeld
Tel.: 0521/559-0, Fax: 0521/559-115
E-Mail: info@delius-klasing.de
www.delius-klasing.de

BEREITS SEIT DER ERSTEN AUSGABE DER TOUR DE FRANCE haben Radrennen Millionen von Menschen gefesselt und begeistert. Dramatik, Leidenschaft, Schmerzen und natürlich die Aussicht auf unsterblichen Ruhm bergen bis heute den Stoff für Legenden.

Fahrradfahren kennt keine Grenzen, keine Klassenunterschiede – genau das macht seine Schönheit aus. Ob man nun auf einem alten, gebrauchten Drahtesel sitzt oder auf der modernsten Zeitfahrmaschine mit der neuesten technischen Ausstattung – man ist Teil einer immer größer werdenden Bewegung, ökologisch für alle verträglich, und tut etwas Gutes für seine Gesundheit.

Kurz gesagt: Radfahren ist Inspiration.

Mark Fairhursts Kunstwerke illustrieren diese Inspiration. Humorvoll, nachdenklich, aufmunternd, aber auch kritisch – dieses Buch in den Händen zu halten ist ein Vergnügen.

Aber bedenken Sie immer: *P wie Peloton* ist nur ein Buch. Also rauf aufs Fahrrad, und los geht's!

Sir Dave Brailsford

TEAMMANAGER TEAM SKY

# A WIE …

## ARRIVÉE/ ANKUNFT

**HERKUNFT UND ÜBERSETZUNG** ▸ Frankreich; Ankunft

**BEDEUTUNG** ▸ Lassen Sie uns gleich am Anfang mit dem Ende beginnen – Arrivée ist die französische Bezeichnung für den Zielstrich bei einem Rennen, der für gewöhnlich von einem riesigen, aufblasbaren Bogen überspannt wird. Bei der Tour de France im Jahr 2013 blieb der Teambus von Orica-Greenedge darunter stecken, doch normalerweise reckt hier der beste Fahrer nach einer anstrengenden Etappe die Arme zum Zeichen des Sieges in die Luft.

## AUSSTIEG

Ist ein Fahrer gezwungen, während des Rennens aufgrund einer Erkrankung, einer Verletzung oder eines Defekts aufzuhören, dann »steigt er aus« und darf im Besenwagen (siehe S. 19) Platz nehmen.

## AERODYNAMIK

Der größte Feind des Radfahrers ist der Wind (und nicht der Autofahrer). Um so schnell wie möglich fahren zu können, muss die Haltung auf dem Rad so aerodynamisch wie nur irgend möglich sein, damit der Windwiderstand minimiert wird. Auch wenn Sie Strecke machen, der Wind schiebt Sie gleichzeitig immer ein Stückchen zurück. Der Schlüssel, einen Fahrer schneller zu machen, ist, den Windwiderstand zu verringern; deshalb wenden professionelle Radteams nicht unbeträchtliche Summen dafür auf, die Fahrer im Windkanal darauf testen zu lassen, wie aerodynamisch ihre Position auf dem Rad ist. Es gibt verschiedene Schlüsselfaktoren, die Effizienz in puncto Aerodynamik zu verbessern:

Kleidung: Das Team Sky hat die eng anliegenden Anzüge für Zeitfahren populär gemacht, denn dabei ist die Aerodynamik von größter Wichtigkeit. Die Fahrer fahren allein gegen die Uhr, keine Fahrer oder das Peloton vor sich, an dessen Hinterrad man Kräfte sparen kann. Stellen Sie sich einfach vor, Sie würden in voller Montur schwimmen gehen – wie viel schwerer wäre es, durch das Wasser zu pflügen. Genauso verhält es sich bei dem Radfahrer, auch wenn der Effekt weniger spürbar ist. Aus diesem Grund tragen Radsportler möglichst stromlinienförmige und eng anliegende Kleidung.

Aerolenker und -helm: Aerolenker ragen weit nach vorn, über die Radnabe heraus, sodass der gesamte Unterarm dort aufliegt und der Oberkörper im Idealfall parallel zum Oberrohr ist. Die Position verringert die »Wand«, die der Oberkörper in aufrechter Position gegenüber dem Wind bildet: Weniger Wind muss verdrängt werden, stattdessen fließt er sanft über Kopf und Rücken weiter. Ein Aerohelm unterstützt dabei, die Kopfform sozusagen zu glätten und den Luftstrom zu verbessern. So lässt sich gehörig Zeit sparen – ein kleiner Preis dafür, wie ein Außerirdischer auszusehen.

Position: der größte einzelne Faktor in der Gleichung Fahrer plus Fahrrad gegen den Wind, denn der Körper des Fahrers zeichnet für 70 bis 80 Prozent des Windwiderstands verantwortlich.

Schnell wird klar: Je korpulenter der Fahrer, desto höher der Widerstand. Nicht ohne Grund sind die

FORTSETZUNG SIEHE FOLGESEITE ►

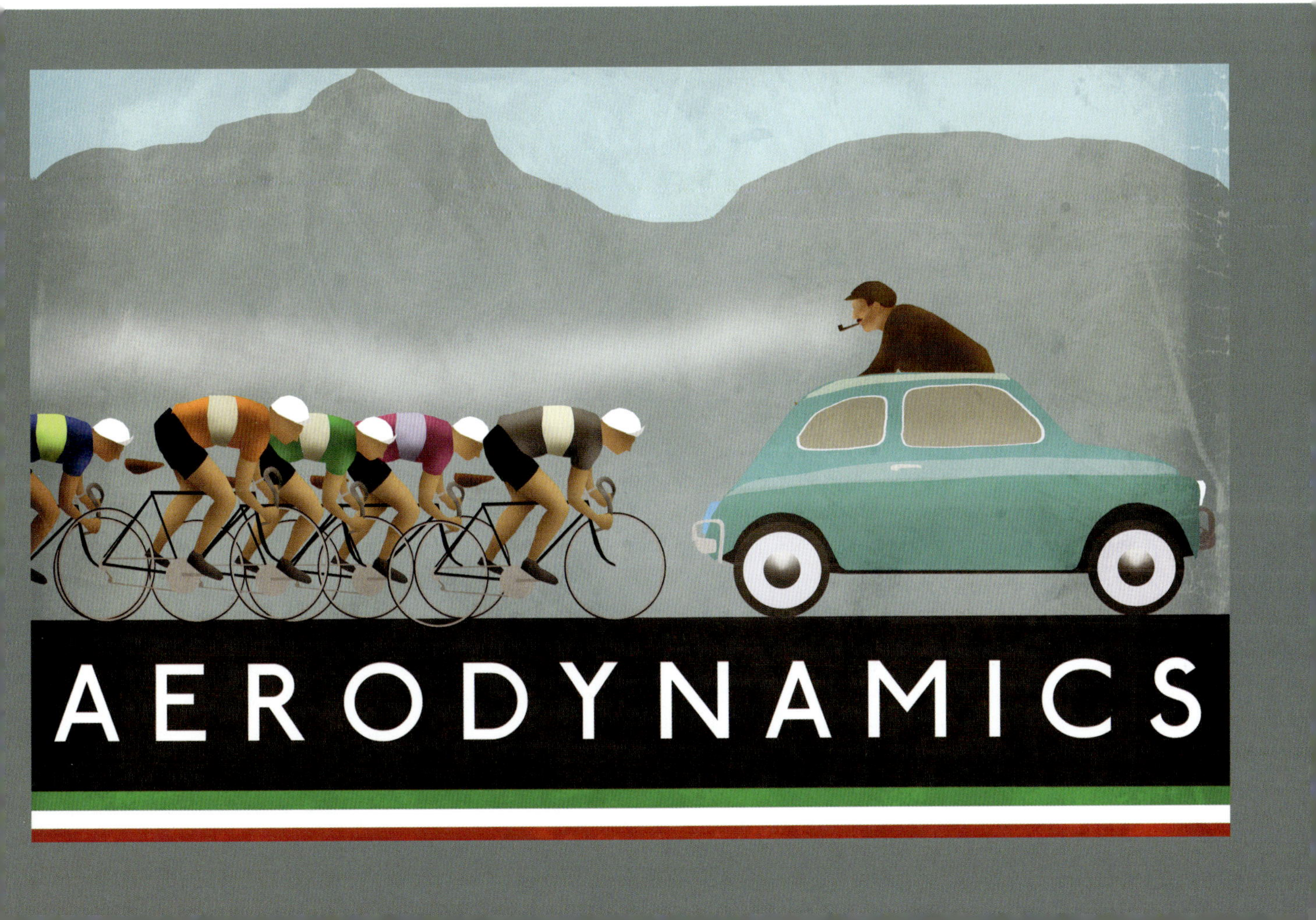

heutigen Profis spindeldürr, denn es erhöht natürlich das Verhältnis von Watt pro Kilogramm Körpergewicht ungemein und verbessert en passant die Aerodynamik. Als Faustregel gilt: Je flacher der Oberkörper, desto besser. Zwängen Sie sich in eine perfekte aerodynamische Haltung, und Sie werden wie Tony Martin oder Christopher Froome durch den Wind pflügen – vielleicht auch schneller. Aber nur vielleicht.

**VERBLÜFFEND ▸** Im entscheidenden Zeitfahren am Ende der Tour de France 1989 fuhr Greg LeMond mit Aerobars und Aerohelm. Hätte Laurent Fignon es ihm gleichgetan, wäre er als Sieger in die Annalen eingegangen.

## ALLEZ!

**HERKUNFT UND ÜBERSETZUNG ▸** Frankreich; los! Schneller, gib alles!

**BEDEUTUNG ▸** *Allez* ist der universelle Anfeuerungsruf für jedwede Situation im Radsport, die den Radfahrern auf Frankreichs Straßen seit 1868 entgegenschallt, als der Engländer James Moore ein Rennen über 1,2 Kilometer im Parc Saint-Cloud von Paris gewinnen konnte. Die Entsprechung im Italienischen lautet *vai*, im Spanischen *venga* (gesprochen: benga) und im Niederländischen bzw. Flämischen *hup*.

# ALPE D'HUEZ

**HÖHE IM ZIEL** ► 1850 Meter
**HÖHENMETER** ► 1150 Meter
**DURCHSCHNITTLICHE STEIGUNG** ► 8 Prozent
**MAXIMALE STEIGUNG** ► 13 Prozent
**LÄNGE DES ANSTIEGS** ► 14,5 Kilometer
**GEOGRAFISCHE LAGE** ► Französische Alpen

Alpe d'Huez ist wahrscheinlich der bekannteste Anstieg im Radsport und sicherlich der glamouröseste, mit dem die Tour de France aufwarten kann. Im Jahr 1952 war der Wintersportort die erste Bergankunft bei der Großen Schleife überhaupt. Der Anstieg führt über 21 Kehren von dem Dorf Bourg-d'Oisans bis hoch zur Skistation auf dem Gipfel. Der Preis für den Etappensieg? Der Name des Gewinners wird auf einem Schild verewigt, beginnend mit dem ersten Sieger Fausto Coppi in der 21. Kehre (seit 2001 werden die Schilder doppelt beschriftet). Lance Armstrongs Namen sucht man dort vergeblich, obwohl er sogar zweimal als Erster oben ankam. Aber Alpe d'Huez honoriert keine Übeltäter vom Format Armstrongs. Christophe Riblon konnte eine ganz besondere Ankunft für sich entscheiden – bei einer legendären Etappe im Jahr 2013, als der Gipfel während einer Etappe gleich zweimal erklommen werden musste. Der letzte Sieger im Jahr 2015 war Thibaut Pinot.

Im Folgenden nun die Namen der Sieger, die auf den Schildern der 21 Kehren eingraviert sind:

1. **GIUSEPPE GUERINI (1999):** Der italienische Fahrer wurde von einem deutschen Fotografen aus dem Sattel gehauen, der scharf auf eine tolle Aufnahme war. Aber Guerini ließ sich nicht beeindrucken, stieg wieder auf und rettete den Vorsprung bis ins Ziel.
2. **MARCO PANTANI (1997):** Pantani, der »Pirat«, gewann die Etappe 19 Monate nach einem schweren Unfall bei Mailand–Turin, bei dem er sich das linke Bein gleich mehrfach gebrochen hatte und der für viele Fahrer das Karriereende bedeutet hätte.
3. **MARCO PANTANI (1995):** Der Sieg gilt bis heute als der schnellste Aufstieg aller Zeiten mit einer Zeit von 37 Minuten und 35 Sekunden. Es war gleichzeitig Pantanis erster Etappenerfolg bei einer Tour de France.
4. **ROBERTO CONTI (1994):** Nachdem Eros Poli tags zuvor die Etappe hoch zum Mont Ventoux für sich entscheiden konnte, hatte am Folgetag ein weiterer Domestik seinen großen Moment. Der Sieg war Contis erster Etappenerfolg als Profi überhaupt.
5. **ANDY HAMPSTEN (1992):** Der erste – und bis heute einzige – US-Amerikaner, der Alpe d'Huez gewinnen konnte (Armstrongs Siege sind annulliert).
6. **GIANNI BUGNO (1991):** Bugnos zweiter Erfolg in Alpe d'Huez. Er war der Erste, der den Anstieg unter 40 Minuten bewältigte.
7. **GIANNI BUGNO (1990):** Bugnos erster Sieg, bei dem er Greg LeMond schlug, der sich aber mit dem Gesamtsieg trösten konnte.
8. **GERT-JAN THEUNISSE (1989):** Der bisher letzte Niederländer, der hier gewinnen konnte, und der einzige, der den Sieg im Gepunkteten Trikot des besten Bergfahrers einfuhr. Alpe d'Huez wird auch als »Berg der Holländer« bezeichnet, weil sie

FORTSETZUNG SIEHE FOLGESEITE ►

mit acht Siegen die meisten Erfolge eines Landes stellen.

9. **STEVEN ROOKS (1988):** Holte sich in dem Jahr das Bergtrikot und zog nur gegenüber Gesamtsieger Pedro Delgado den Kürzeren.
10. **FEDERICO ECHAVE (1987):** Der erste Spanier, der den Ritt nach Alpe d'Huez für sich entschied. Kehre Nummer 10 ist mittlerweile fest in irischer Hand und wird deshalb auch »Irish Corner« genannt.
11. **BERNARD HINAULT (1986):** Hinault wurde der Sieg zugesprochen, obwohl er zusammen mit Teamkollege Greg LeMond nach einer langen Flucht die Ziellinie Hand in Hand überfuhr.
12. **LUIS HERRERA (1984):** Luis »Lucho« Herrera fuhr für ein Amateurteam aus Kolumbien.
13. **PETER WINNEN (1983):** Der zweifache Sieger aus den Niederlanden sagte später, Alpe d'Huez habe ihm fünf Jahre seines Lebens gekostet.
14. **BEAT BREU (1982):** Der einzige Schweizer, der jemals den Anstieg für sich entscheiden konnte, griff am Fuß des Berges an und ließ sich nicht mehr einholen.
15. **PETER WINNEN (1981):** Winnen gelang gleich in seinem ersten Jahr als Profi eine Triumphfahrt hinauf nach Alpe d'Huez.
16. **JOOP ZOETEMELK (1979)** und Pierre Rolland (2011): 1979 musste der Anstieg an zwei aufeinander folgenden Tagen bewältigt werden, Zoetemelk holte sich den Sieg an Tag 2. Rolland besiegelte mit seinem Sieg das Weiße Trikot und ist neben Thibaut der einzige Franzose, der Alpe d'Huez gewinnen konnte.
17. **JOAQUIM AGOSTINHO (1979)** und Carlos Sastre (2008): Agostinho war schon 36 Jahre alt, als er als bisher einziger Portugiese Alpe d'Huez gewann. Sastre holte sich Sieg und Gesamtführung mit einem wohldurchdachten Angriff auf das Gelbe Trikot seines Teamkollegen Fränk Schleck.
18. **HENNIE KUIPER (1978)** und Fränk Schleck (2006): Kuiper – der dritte Sieg für Holland in Folge! Und Schleck war der erste Luxemburger, der in Huez triumphieren konnte.
19. **HENNIE KUIPER (1977):** Wie im Vorjahr stand wieder ein niederländischer Fahrer bei der Siegerehrung ganz oben.
20. **JOOP ZOETEMELK (1976)** und Iban Mayo (2003): Im Jahr 1976 begann Zoetemelks Vater Jaap mit der Tradition, die Kirchenglocken bei jedem niederländischen Sieg zu läuten – und wurde so zu einem sehr beschäftigten Mann. Der Spanier Mayo griff sieben Kilometer vor dem Gipfel an und gewann à la Pantani in 39 Minuten und 6 Sekunden.
21. **FAUSTO COPPI (1952):** In diesem klassischen Duell war die pure Ästhetik des Italieners letztendlich siegreich über die rohe Kraft des Franzosen Robic. Für die erste Bergankunft bei einer Tour überhaupt benötigte Coppi 45 Minuten und 52 Sekunden.

**ANGEBERWISSEN** ▸ *Der Franzose Michel Pollentier gewann zwar 1978 die Etappe, wurde jedoch nachträglich disqualifiziert, weil er die Doping-Kontrolleure mit Fremdurin täuschen wollte, den er in einem Kondom mitführte.*

ANSTIEG

# ANGLIRU

**HÖHE IM ZIEL** ▸ 1573 Meter
**HÖHENMETER** ▸ 1245 Meter
**DURCHSCHNITTLICHE STEIGUNG** ▸ 10 Prozent
**MAXIMALE STEIGUNG** ▸ 24 Prozent
**LÄNGE DES ANSTIEGS** ▸ 12,2 Kilometer
**GEOGRAFISCHE LAGE** ▸ Picos de Europa, Nordspanien

Alpe d'Huez mag einer der berühmtesten Berge im Radsportzirkus sein, aber der Angliru gehört, seitdem er bei der Vuelta ins Programm genommen wurde, zu den schwierigsten Anstiegen. Die zweite Hälfte ist der härteste Teil und war ursprünglich ein Viehweg, der erst nachträglich asphaltiert wurde. Tatsächlich ist der Anstieg teils so steil, dass selbst Profis absteigen und gehen müssen. Dabei war er noch bis zum Jahr 1996 völlig unbekannt. Damals entschied sich ein spanisches Radteam, den Gerüchten nachzugehen, dass sich ein unfassbar steiler Anstieg in den Picos de Europa befindet. Nur drei Jahre später mussten die Profis sich bei der Vuelta erstmals hinaufschinden, und einer der Fahrer, die dort gewinnen konnten, Roberto Heras, beschrieb es einfach als »Hölle. Es gibt nichts Schlimmeres!«. Bei der Vuelta 2002 lehnte es David Millar mit den Worten »Wir sind keine Tiere, das ist unmenschlich!« ab, über die Ziellinie zu fahren, und gab das Rennen auf. Gibt sich der Angliru in der ersten Hälfte noch trügerisch zahm, warten die brutalen letzten sechs Kilometer des zweites Teils auf dem Cueña les Cabres (dem Ziegenweg) mit einer durchschnittlichen Steigung von 13 Prozent auf, die in eigentlich nicht zu fahrenden 24 Prozent drei Kilometer vor dem Ziel gipfelt.

**ANGEBERWISSEN** ▸ *Noch vor 20 Jahren wäre es unmöglich gewesen, den Angliru hinaufzufahren. Die alten Übersetzungen gaben es einfach nicht her.*

# ARDENNEN

Die Ardennen bilden zusammen mit Flandern im Nordwesten Belgiens das pulsierende Herz des belgischen Radsports. Das waldreiche und hügelige Gebiet in Südbelgien ist berühmt für seine Frühjahrsklassiker wie den Flèche Wallonne (Wallonischer Pfeil) und Lüttich–Bastogne–Lüttich. Die Anstiege mögen nicht mit der Erhabenheit der Alpen oder Pyrenäen aufwarten, aber dafür sind sie steil. Der Dauberg weist eine maximale Steigung von 12 Prozent auf, la Redoute mit 17 Prozent und die Mauer von Huy mit sagenhaften 26 Prozent kommen kolossal daher. Huy gleicht wirklich der Aufgabe, eine Wand hochzuklettern. Probieren Sie es einmal aus!

# ATTACKE

Ein Angriff, der meist von einem einzelnen Fahrer lanciert wird mit dem Versuch, sich vom Hauptfeld abzusetzen. Sogenannte Baroudeure (siehe S. 14) leben für den richtigen Moment, weit genug wegzukommen und als Solofahrer zu glänzen. Die Klassementfahrer kämpfen bei den großen Rundfahrten in der Bergen um Sieg oder Niederlage.

**ANGEBERWISSEN** ▸ *Wie Bernard Hinault, einer der aggressivsten Fahrer, zu sagen pflegte: »So lange ich noch atme, greife ich an.«*

# ANQUETIL, Jacques

**GEBOREN** ▸ 8. Januar 1934 in Mont-Saint-Aignan, Normandie
**GESTORBEN** ▸ 18. November 1987 in Rouen, Normandie
**NATIONALITÄT** ▸ französisch
**AKTIVE ZEIT ALS PROFI** ▸ 1953 bis 1969
**FAHRERTYP** ▸ Allrounder mit seiner Spezialdisziplin, dem Zeitfahren
**SPITZNAMEN** ▸ *Maître Jacques* (Meister Jacques), Monsieur Chrono (in etwa: Herr der Zeit in Anspielung auf seine Paradedisziplin)
**GRÖSSTE ERFOLGE** ▸ 5x Tour de France (1957, 1961, 1962, 1963, 1964), 2x Giro d'Italia (1960, 1964), Vuelta a España (1963), 9x Grand Prix des Nations (1953–1958, 1961, 1965, 1966), Lüttich–Bastogne–Lüttich (1966), Stundenweltrekord (1956)
**GRÖSSTER RIVALE** ▸ Raymond Poulidor

Geboren in der Normandie, war der französische Fahrer Jacques Anquetil der Erste, der die Tour de France fünfmal gewinnen konnte. Nach seinem ersten Sieg 1957 benötigte er nur acht Jahre für seine fünf Gesamterfolge, wobei er die letzten vier von 1961 bis 1964 einfuhr. Er war der erste Fahrer, der gleichzeitig die Tour de France sowie die Vuelta a España gewann, sowie der erste, der bei allen drei großen Rundfahrten ganz oben auf dem Treppchen stand. Als Allrounder kannte er keine Schwächen, doch besonders das Zeitfahren war seine Stärke – vergleichbar mit Tony Martin. Seine intensive Rivalität mit Raymond Poulidor, dem ewigen Zweiten, spaltete die französische Nation. Anquetil hatte den Ruf, kalt und berechnend zu sein, während ihn das Peloton für seine Höflichkeit und sein Gespür für das Fairplay schätzte – ganz im Gegensatz zu Poulidor, dessen Beliebtheit wegen seiner schlechten Laune und egoistischen Fahrweise litt.

Die Feindschaft gipfelte in einer der legendärsten Etappen der Tour de France, als Anquetil und Poulidor buchstäblich Ellbogen an Ellbogen den Puy de Dôme hinauffuhren. Der Zeitfahrspezialist bluffte bei jeder Pedalumdrehung, er sei völlig am Ende, blieb aber wie eine Klette an ihm dran. Poulidor, der zu spät erkannte, dass er getäuscht worden war, griff erst einen Kilometer vor dem Ziel an – und erreichte es 14 Sekunden hinter Anquetil. Dessen trockener Kommentar: »Das sind 13 Sekunden mehr, als ich gebraucht hätte.«

Anquetil war ein »Feierbiest«, der auch während der Rennen lange aufblieb und Champagner trank. Nachdem er seinen Start 1967 bei einem Rennen zurückgezogen hatte (aufgrund einer Lungenerkrankung, die ihn während seiner Karriere oftmals beeinträchtigte), mit Freunden ein Saufgelage veranstaltete und mitanhören musste, wie ein Kumpan zu einem Toast auf den bevorstehenden Sieg seines Konkurrenten am nächsten Tag anhob, soll er zu seiner Frau gesagt haben: »Stell den Wecker auf sieben!« Am nächsten Tag stand er pünktlich am Start und schlug seinen ewigen Rivalen erneut.

Anquetil unterhielt viele Jahre eine Affäre mit der Frau seines Arztes und deren Stieftochter, gab Dopingvergehen zu und liebte die Astronomie sowie den CB-Funk. Schließlich wurden aus den Feinden Anquetil und Poulidor doch noch Freunde. Im Alter von 53 erlag Anquetil einem Magenkrebsleiden. Doch seinen trockenen Humor hat er nie verloren. Auf seinem Sterbebett sagte er: »Raymond, jetzt wirst du wieder Zweiter.«

FAHRER

## ARMSTRONG, Lance

**GEBOREN** ▸ 18. September 1971, Plano (Texas)
**NATIONALITÄT** ▸ US-amerikanisch
**AKTIVE ZEIT ALS PROFI** ▸ 1992 bis 2011
**FAHRERTYP** ▸ Allrounder mit Stärken im Zeitfahren und in den Bergen
**SPITZNAMEN** ▸ The Boss, Big Tex, Mellow Johnny (abgeleitet von *maillot jaune*)
**GRÖSSTE ERFOLGE** ▸ 7x Tour de France (alle Tour-Siege von 1999–2005 sind annulliert), 1x Straßenweltmeister (1993), Gewinn der Clásica San Sebastián (1995)
**GRÖSSTE RIVALEN** ▸ Jan Ullrich, Marco Pantani

Die Welt weiß dank der Talkmasterin Oprah Winfrey und der Arbeit der US-amerikanischen NADA, dass Lance Armstrong nicht der Rekordgewinner mit sieben Siegen bei der Tour de France ist. Auch wenn die Welt dabei zusah, wie er siebenmal im Gelben Trikot über die Champs-Élysées gerollt ist, hat er keine Grenzen respektiert und fortwährend verbotene Mittel zur Leistungssteigerung verwendet, darunter EPO und Blutdoping. Die UCI annullierte im Jahr 2012 alle seine Tour-Siege. All diese Momente, die seine Karriere ausgemacht haben – sein Husarenritt hoch zum Sestriere 1999; der Blick, den er Jan Ullrich 2001 hoch nach Alpe d'Huez zuwarf, bevor er attackierte; der US-Postal-Zug beim Zeitfahren während der Tour 2002, seine Querfeldeinfähigkeiten 2003 in der Abfahrt mit Joseba Beloki, als er ihm nach seinem Sturz ausweichen musste, wie er sich im gleichen Jahr von seinem Sturz auf dem Anstieg hoch nach Luz Ardiden erholte und trotzdem noch die Etappe und den Gesamtsieg holte; sogar sein beachtlicher dritter Platz bei seinem Comeback 2007 waren laut der US-amerikanischen NADA das »ausgefeilteste, professionellste und erfolgreichste Doping-Programm in der Geschichte des Sports«.

# AUTOBUS

**HERKUNFT UND ÜBERSETZUNG** ▸ Frankreich; Bus
**BEDEUTUNG** ▸ Darunter versteht man die große Gruppe der Fahrer am Ende des Rennens, meistens während der Bergetappen. Hier tummeln sich die Sprinter und die großen, schweren Fahrer, die Domestiken (siehe S. 30), die ihren Job erledigt und ihren Mannschaftskapitän bis zu diesem Zeitpunkt beschützt haben, die völlig erschöpften, verletzten oder kränkelnden Fahrer, und die Fahrer, die vielleicht genau an dem Tag einfach nicht die Beine haben. Feindschaften zwischen einzelnen Teams sind vergessen, denn die Nachzügler vereint ein großes Ziel – vor dem Zeitlimit die Ziellinie zu überfahren, um nicht disqualifiziert zu werden (das Limit hängt prozentual von der Zeit des Siegers ab). Ein weiterer guter Grund, im *gruppetto* (so die italienische Bezeichnung) zu bleiben, ist schlicht die große Anzahl an Fahrern: Vielleicht wagen es die Kommissare noch, ein oder zwei Fahrer auszuschließen, aber an eine große Gruppe trauen sie sich meist nicht heran, besonders dann, wenn die Sprinteridole davon betroffen sein könnten.

# B WIE …

## BICYCLE (FAHRRAD)

Endlich, das Fahrrad … das effizienteste und umweltfreundlichste Fortbewegungsmittel, das je erfunden worden ist, ganz zu schweigen vom Effekt auf die Gesundheit. Dieses einfache, bezahlbare Gerät kann für den Transport, zum Spaß, zur Verbesserung der Fitness und zum Sport genutzt werden. Das erste Vehikel geht auf das Jahr 1418 zurück, aber es dauerte bis zum Jahre 1977, ehe das Mountainbike das Licht der Welt erblickte. Es gibt Milliarden Fahrräder, pro Jahr kommen weitere 50 Millionen hinzu. Das erste richtige Fahrrad nach einer Erfindung von Karl Drais war das Veloziped (1865), auch »Knochenschüttler« genannt – eine passende Bezeichnung für ein Gefährt aus Holz mit Metallreifen. Ihm folgten das Hochrad sowie das Sicherheitsniederrad (engl. *safety bike*). Letzteres ist bis heute der Prototyp für alle modernen Fahrräder, die über einen Diamantrahmen, zwei Reifen gleichen Umfangs sowie ein von einer Kette angetriebenes Hinterrad verfügen. Das Fahrrad hat den Menschen zu mehr individueller und sozialer Mobilität und Freiheit verholfen als jede andere Erfindung – kein Wunder, dass es den Beinamen »Freiheitsmaschine« bekam.

**VERBLÜFFEND ▸** Der mit Luft gefüllte Reifen wurde noch vor dem Automobil am Fahrrad verbaut.

**ANGEBERWISSEN ▸** *Natürlich kamen bis 1935 keine Laufräder aus Metall bei der Tour de France zum Einsatz – sie waren aus Holz.*

## BAROUDEUR

**HERKUNFT UND ÜBERSETZUNG ▸** Frankreich; Abenteurer, Haudegen, Ausreißer

**BEDEUTUNG ▸** Wer liebt sie nicht, die langen und einsamen Ausreißversuche, bei denen tapfere Underdogs meist vergeblich versuchen, vor der hetzenden Meute des Pelotons ins Ziel zu kommen. Die Franzosen haben einen Begriff für diese Einzelkämpfer: baroudeur. Er kommt ursprünglich aus dem Arabischen, dort bedeutet er »Dynamit«, aber im Französischen gilt er für Abenteurer aller Couleur, im Radsport allerdings sind damit die Wagemutigen treffend beschrieben, die schematische Rennverläufe sprengen wollen und angreifen.

**ANGEBERWISSEN ▸** *Schau mal, Jens Voigt wagt eine Attacke – er ist ein typischer* Baroudeur.

# BARTALI, Gino

**GEBOREN** ▸ 18. Juli 1914, Florenz
**GESTORBEN** ▸ 5. Mai 2000, Florenz
**NATIONALITÄT** ▸ italienisch
**AKTIVE ZEIT ALS PROFI** ▸ 1935 bis 1954
**FAHRERTYP** ▸ Allrounder und exzellenter Bergfahrer
**SPITZNAMEN** ▸ Der Mann aus Eisen/Ginettaccio/Gino, der Mönch
**GRÖSSTE ERFOLGE** ▸ 2x Tour de France (1938, 1948), 3x Giro d'Italia (1936, 1937, 1947), 4x Mailand–Sanremo (1939, 1940, 1947, 1950), 7x bester Bergfahrer beim Giro d'Italia (1935–1937, 1939, 1940, 1946, 1947)
**GRÖSSTER RIVALE** ▸ Fausto Coppi

Gino Bartali hält mit zehn Jahren den Rekord für den längsten Zeitraum zwischen zwei Tour-de-France-Siegen (1938 und 1948). Seine Leistung bei der Tour im Jahr 1938 ist der Stoff für Legenden, denn er holte sich neben dem Gesamtsieg auch das Trikot des besten Bergfahrers – ein Kunststück, das zuvor noch niemandem gelungen war. Sein Sieg 1948 soll dazu beigetragen haben, in Italien einen Bürgerkrieg zu verhindern.

Bartali pflegte eine so intensive Feindschaft mit seinem Landsmann Fausto Coppi, dass beide Fahrer eine Art Waffenstillstand vor der Tour 1949 unterzeichnen mussten. Ihre Animositäten begannen bereits während des Giro 1940, als der Jungstar gerade bei Bartalis neuem Team Legano unterschrieben hatte. Bartali befahl seinem Team, ihn bei jeder Gelegenheit niederzufahren. Bei den Weltmeisterschaften 1948 fuhren die beiden eher gegen- als füreinander. Doch der Pakt von 1949 hielt, Coppi gewann die Tour, und Bartali wurde Zweiter.

Bartali gehört unzweifelhaft zu den größten Fahrern aller Zeiten, aber seine größte Heldentat vollbrachte er abseits des Rades. Im Jahr 2013 erhielt er posthum den Titel »Gerechter unter den Völkern« in der Holocaust-Gedenkstätte Yad Vashem in Jerusalem für die Rettung von italienischen Juden im Zweiten Weltkrieg. Bartali hatte als Kurier für ein jüdisch-christliches Netzwerk in Florenz gearbeitet. Er versteckte Fotografien und gefälschte Ausweisdokumente im Lenker sowie Sitzrohr seines Rennrads – wurde er angehalten und kontrolliert, bat er besonders darum, an diesen Teilen nichts zu verstellen, da sie speziell für maximale Geschwindigkeit justiert seien. Einen jüdischen Freund und dessen Familie hielt er während des Krieges in seinem Keller versteckt, obwohl er sogar von der Gestapo verhaftet und verhört worden war. Dennoch sprach er niemals über seine heimliche Helferrolle, seinem Sohn gab er allerdings mit: »Wenn du im Sport gut bist, hängen sie dir Medaillen um, die irgendwann in einem Museum erstrahlen. Doch die guten Taten sind es, die unsere Seele erstrahlen lassen – und zwar an einem anderen Ort.« Wenn er als Held gefeiert werden sollte, antwortete er nur: »Nein, nein, ich möchte, dass man sich an mich wegen meiner sportlichen Erfolge erinnert. Die wirklichen Helden sind andere, deren Seele, deren Herz, deren Geist schrecklich gelitten hat aus Sorge um ihre Lieben. Das sind die wirklichen Helden. Ich bin nur ein Rennradfahrer.«

**ANGEBERWISSEN** ▸ *Jahrzehnte, bevor Nike mit* Just do it *Werbung machte, hatte Bartali es bereits – natürlich auf Italienisch – auf seine Kappe geschrieben.*

# BIDON

**HERKUNFT UND ÜBERSETZUNG** ▸ Frankreich; Trinkflasche, Kanister, Kanne

**BEDEUTUNG** ▸ Sollten Sie jemals an einem Rennen teilgenommen haben, kennen Sie vielleicht das Gedrängel um die Trinkflaschen bei den Verpflegungsstationen. Diese *bidons* mit Sponsoren-Logos sind ein beliebtes Souvenir bei Radsportfans – besonders natürlich, wenn ein Marcel Kittel oder John Degenkolb die Trinkflasche weggeworfen haben. Die meisten Rennen haben mittlerweile spezielle Zonen eingerichtet, in denen die Fahrer den ganzen Müll wegwerfen können. Eine andere Möglichkeit, an die flüssige Labsal zu kommen: Genau wie beim »Benzin fahren« (siehe S. 84) wird die Trinkflasche aus dem Teamfahrzeug gereicht, schön gemächlich; der Fahrer kann durchschnaufen und sich abdrücken.

**ANGEBERWISSEN** ▸ *»Ich habe einmal gesehen, wie ein Fahrer 13 Bidons innerhalb von zwei Minuten in sein Trikot stopfte – ich glaube, das ist ein Rekord.«*

## BONIFIKATION

Unter einer Bonifikation versteht man eine Zeitgutschrift, die dem Gewinner einer Etappe, eines Zwischensprints oder für den Bergkönig an einem bestimmten Anstieg angerechnet werden kann. Die Bonifikation besteht natürlich darin, dass sie von der Gesamtzeit abgezogen und nicht addiert wird. Ein paar Sekunden können durchaus entscheidend sein: So gewann Juan Cobo die Vuelta a España im Jahr 2011 vor Christopher Froome mit 13 Sekunden Vorsprung, die er sich unter anderem durch Zeitgutschriften erfahren hatte.

## BONK (HUNGERAST)

Der Hungerast ist der Schrecken jedes Radsportlers: Die körpereigenen Energiedepots melden Leerstand, nichts geht mehr. Läufer sprechen davon, »gegen eine Wand zu laufen«, viele haben das Gefühl, dass der Mann mit dem Hammer gekommen wäre.

## BREAKAWAY (FLUCHT/AUSREISSVERSUCH)

Eigentlich versuchen in jedem Rennen Ausreißergruppen ihr Glück, die teils sehr große Abstände auf das Hauptfeld herausfahren. Auf einer Flachetappe aber arbeiten dann vor allem die Sprinterteams zusammen, um das Loch zuzufahren, wobei sie auf die Faustformel zurückgreifen, die der ehemalige Radprofi und spätere Fernsehkommentator Robert Chapatte aufgestellt hat: Um eine Minute auf die Ausreißer aufzuholen, braucht das Peloton 10 Kilometer; dieser Wert ist wegen besserer Radtechnologie und Fitness der Fahrer mittlerweile auf 90 Sekunden angestiegen. Seine Gleichung ist so präzise, dass man oft beobachten kann, wie die Fahrer erst wenige Meter vor dem Zielstrich eingeholt werden. Bei einer Bergetappe versuchen die Teams der Klassementfahrer, das Tempo hoch zu halten, um den jeweiligen Kapitän aus allen Schwierigkeiten herauszuhalten, aber am letzten Anstieg ist irgendwann jeder auf sich allein gestellt. Nur sehr selten resultiert aus einem Fluchtversuch so ein großer Vorteil, der das gesamte Rennen nachhaltig beeinflusst – Roger Walkowiak konnte auf diese Weise sogar die Tour im Jahr 1956 gewinnen. Der längste je gemessene Soloritt sind bis heute die 315 Kilometer, die Eugène Christophe bei der Tour de France 1912 allein fuhr. Der Rekord nach dem Zweiten Weltkrieg wird gehalten von Albert Bourlon, der die gesamte Etappe über 253 Kilometer von Carcassonne nach Luchon allein fuhr – inklusive der Anstiege am Col de Port und Col de Portet-d'Aspet. Hut ab, oder besser: Chapeau, Albert Bourlon!

**ANGEBERWISSEN** ▸ *In einer Ausreißergruppe ist immer ein guter Baroudeur dabei.*

# BESENWAGEN

Das Sprichwort lehrt uns: Die Oper ist nicht vorbei, bevor nicht die dicke Frau gesungen hat. Nun, im Radrennen ist es nicht vorbei, bis der Besenwagen vorbeifährt und damit das Ende des Rennens signalisiert. Henri Desgrange führte den Besenwagen bei der Tour 1910 in der Absicht ein, kranke oder erschöpfte Fahrer einzusammeln, als es das erste Mal in die Anstiege der Pyrenäen ging. Der originale Besenwagen war ein Citroën H, ein Bus, an dessen Hintertür ein Besen befestigt war. Heutzutage klettern die Fahrer eher in den Teamwagen, als sich die Schmach anzutun, mit dem *voiture balai* über die Ziellinie kutschiert zu werden. Während es in den jungen Jahren der Tour noch möglich war, in den Besenwagen zu steigen und die Tour am nächsten Tag fortzusetzen (auch wenn man im Gesamtklassement gestrichen wurde), ist dies heute nicht mehr der Fall, für den Fahrer ist das Rennen beendet. In diesem Fahrzeug will kein Rouleur nach Hause gebracht werden – der französische Radprofi Pierrick Fédrigo nannte seine Fahrt im Besenwagen einmal eine »entwürdigende und demütigende Erfahrung«, und der Brite Graham Jones berichtete: »Ich glaube keinem Fahrer, der behauptet, dass er nicht ein Tränchen vergossen hat, als er in den Besenwagen der Tour einsteigen musste … Die Realität trifft dich mit voller Wucht. Du steigst von dem Rad ab, und dann der schreckliche Moment, wenn der *Commissaire* deine Radnummer abreißt: Das vergisst du niemals im Leben.«

# BURTON, Beryl

**GEBOREN** 12. Mai 1937, Halton (Yorkshire)
**GESTORBEN** 8. Mai 1996, Morley (Yorkshire)
**NATIONALITÄT** britisch
**AKTIVE ZEIT** 1957 bis 1996
**FAHRERTYP** Bahnrad- und Zeitfahrspezialist
**GRÖSSTE ERFOLGE** 2x Straßenweltmeister (1960/1967), Weltmeister in der Verfolgung (1959, 1960, 1962, 1963, 1966), 13x nationaler Meister in der Verfolgung, 12x britischer Meister auf der Straße, 18x nationaler Zeitfahrmeister über 100 Meilen, 23x nationaler Zeitfahrmeister über 50 Meilen, 26x nationaler Zeitfahrmeister über 25 Meilen, 4x nationaler Zeitfahrmeister über 10 Meilen (Burton war in ihren 40ern, als diese Distanz eingeführt wurde), bester britischer Allrounder 1959 bis 1983 (= 25 Jahre!)

Burton gehört zu den größten Athletinnen, die Großbritannien je hervorgebracht hat. Angesichts der reinen Anzahl an Rekorden und Siegen ist sie der weibliche Eddy Merckx, obwohl Marianne Vos (siehe S. 138) ihr hart auf den Fersen ist. Burton hat mit ihnen diesen Wettkampf-Spirit gemeinsam, sie lehnte sogar mal den Handschlag mit ihrer eigenen Tochter Denise ab, als Mutter und Tochter zusammen bei einem Rennen für Großbritannien starteten und Denise das Rennen gewann. Burton wurde in Yorkshire geboren, wo die Tour de France 2014 gestartet wurde, und holte 90 nationale Titel sowie sieben Weltmeisterschaften. Sie hielt unzählige britische Zeitfahrrekorde und wurde 1967 sogar zum Grand Prix des Nations – einem Zeitfahren für die besten Männer – eingeladen. Zur ihrer aktiven Zeit gab es noch keine Weltmeisterschaften im Zeitfahren, und Frauenrennen wurden bei den Olympischen Spielen erst 1984 ins Programm genommen, als Burton bereits 47 war. Burton hatte zudem das Augenmerk darauf gelegt, bei der ersten Tour de France 1984 für Frauen zu starten, doch der britische Radsportverband entschied in seiner unergründlichen Weisheit, sie habe keine ausreichende Radrennsport-Erfahrung. Als eine Fahrerin in letzter Minute ausfiel, trat man an Burton heran, ob sie nicht einspringen könne – sie antwortete dem Verband höflich, dass er sie mal gern haben könne.

Selbst finanziert bildete sie mit ihrem Ehemann als Trainer, Mechaniker und Soigneur (siehe S. 123), ein erfolgreiches Gespann auf der Jagd nach Rekorden – sie war die erste Frau, die 25 Meilen unter einer Stunde fuhr, bevor sie die Zwei-Stunden-Grenze auf den 50 und die Vier-Stunden-Grenze auf den 100 Meilen knackte. Sie war eine Perfektionistin, die ständig versuchte, ihre selbst gehaltenen Rekorde weiter zu verbessern; einige hielten über 20 Jahre lang – tatsächlich existiert ihr 12-Stunden-Rekord über 277,25 Meilen aus dem Jahre 1967 bis heute, im Zeitalter von Scheibenrädern, Carbon-Fasern und hautengen Anzügen. Sie starb 1996, als sie Geburtstagseinladungen mit dem Fahrrad ausfuhr.

**VERBLÜFFEND** Beryl bot einmal einem männlichen Mitstreiter in einem Wettkampf etwas von ihrem Lakritzkonfekt an – er nahm dankend an und erzielte prompt einen nationalen Rekord bei den Männern, allerdings war die Distanz kürzer als die, die Burton an dem Tag zurückgelegt hatte. Sie sagte später, dass »der Arme aussah, als würde er ein wenig ins Straucheln kommen«. Sein Radclub ehrte sie später mit einer riesigen Portion ihrer Verpflegungsspende.

# C WIE …

FAHRER

## COPPI, Fausto

**GEBOREN** 15. September 1919, Castellania (Piemont)
**GESTORBEN** 2. Januar 1960, Tortona (Piemont)
**NATIONALITÄT** italienisch
**AKTIVE ZEIT ALS PROFI** 1939 bis 1959
**FAHRERTYP** Allrounder und exzellenter Berg- sowie Zeitfahrer
**SPITZNAMEN** Il Campionissimo
**GRÖSSTE ERFOLGE** 5x Giro d'Italia (1940, 1947, 1949, 1952, 1953), 2x Tour de France (1949, 1952), Weltmeister (1953), 3x Mailand–Sanremo (1946, 1948, 1949), 5x Lombardei-Rundfahrt (1946–1949, 1954)
**GRÖSSTER RIVALE** Gino Bartali

Es ist durchaus vertretbar, *il Campionissimo* Fausto Coppi als den größten Fahrer aller Zeiten zu bezeichnen, noch vor Eddy Merckx. Er war der erste Fahrer, der das Double aus Giro und Tour gewinnen konnte; anders als viele Profis heutzutage, die sich primär für ein einziges Rennen vorbereiten, fuhr Coppi die ganze Saison, gewann große Rundfahrten sowie Klassiker. Seine Kriegsgefangenschaft im Zweiten Weltkrieg hat dazu geführt, dass seine Laufbahn unterbrochen wurde – und sich Radsportfans bis heute fragen, was er in seiner Karriere noch alles hätte erreichen können. Er war kränklich und verletzungsanfällig – wegen schlechter Ernährung in Kindheitstagen hatte er brüchige Knochen, insgesamt erlitt er während seiner Laufbahn über 20 Frakturen. Coppi war der erste Fahrer, der Alpe d'Huez und den Puy de Dôme in Frankreich und den Stelvio in den italienischen Alpen gewinnen konnte. Sein Stil auf dem Rad galt als »Perfektion auf zwei Rädern«, und seine Erfolge sind sowohl legendär als auch zahlreich: 1946 gewann er den Klassiker Mailand–Sanremo mit 14 Minuten Vorsprung, obwohl er auf der 292 Kilometer langen Strecke erst fünf Kilometer vor dem Ziel attackierte. Sein Stundenweltrekord von 1942 hielt 14 Jahre, und 1949 beim Giro fuhr er 190 Kilometer allein über die höchsten Gipfel der Alpen, die Straßen teils stark verschmutzt, darunter Pässe wie der Colle della Maddalena, Vars, Izoard, Monginevro und schließlich Sestriere, bevor er in Pinerolo mit 11 Minuten und 42 Sekunden Vorsprung vor seinem Rivalen Gino Bartali ins Ziel kam.

FORTSETZUNG SIEHE FOLGESEITE

Coppis Leben ist begleitet von Skandalen und Tragödien – seine Frau verließ er für die »Dame in Weiß« Giulia Occhini, die ihrerseits mit einem hohen Militär verheiratet war. Die Affäre begann 1948, als die beiden sich beim Tre Valli Varesine zum ersten Mal begegneten, und flog erst auf, als *La Stampa* ein Foto des italienischen Meisters veröffentlichte, das ihn und eine mysteriöse Dame in einem weißen Kleid bei einer Umarmung im Ziel zeigte. Er hatte einen unehelichen Sohn, Faustino, und zog damit den Zorn der katholischen Kirche auf sich, die mit Exkommunikation drohte – Ehebruch wurde auch im modernen Italien noch immer als Frevel angesehen, der Papst lehnte es daher ab, dem Giro seinen Segen zu erteilen, wenn Coppi mitfuhr. Heute unvorstellbar: Occhini wurde gezwungen, ihren Sohn in Argentinien zu bekommen, und die Polizei hatte nichts Besseres zu tun, als eine Razzia in einem Hotelzimmer durchzuführen, um zu sehen, ob die beiden ein Bett teilten. Außerdem hatte Coppi zu dem Zeitpunkt schon den tragischen Tod seines geliebten Bruders Serse erleiden müssen. Sein jüngerer Bruder, ebenfalls Radprofi, starb an den Folgen einer Gehirnerschütterung, die er sich 1951 bei einem Unfall während eines Rennens zuzog. Die Verletzung wurde nicht diagnostiziert, Serse starb in Faustos Armen.

Man kann sagen, dass Coppi einen modernen Ansatz hinsichtlich des Radsports verfolgte – er war äußerst penibel, was seine Ernährung und sein Trainingsprogramm anging; verabscheute jedoch (die damals gängigen) Amphetamine nicht, von den Fahrern als *la Bomba* bezeichnet. Seine Rivalität mit Bartali ließ die Straßen Europas erstrahlen, spiegelte aber gleichzeitig einen größeren Konflikt innerhalb der italienischen Gesellschaft zwischen den religiösen und den säkularen, den traditionellen und den modernen Gruppen wider. Coppi lebte schnell und starb jung, eine Malaria-Infektion, die er sich bei einem Rennen in Afrika zuzog, führte zu seinem frühen Tod im Alter von 40 Jahren.

Als ein Reporter ihn einmal fragte, was es brauche, ein großer Champion zu werden, antwortete er: »Fahr Rennrad, fahr Rennrad, fahr Rennrad«.

**ANGEBERWISSEN ►** *Als Preis für seinen ersten Sieg im Alter von 15 Jahren erhielt Coppi ungefähr 10 Euro und ein Salami-Sandwich.*

# CADENZ (KADENZ/ TRITTFREQUENZ)

Darunter versteht man die Anzahl der Kurbelumdrehungen pro Minute – mit anderen Worten: wie schnell oder wie langsam ein Fahrer in der Lage ist zu pedalieren. Der größte Kontrast wurde zwischen den einstigen Rivalen Jan Ullrich und Lance Armstrong deutlich. Während der Amerikaner, der später sein Doping gestand, mit bis zu 110 U/min fuhr, bevorzugte »Ulle« eine Kadenz von 65 bis 70 Umdrehungen. Mittlerweile geht man davon aus, dass eine höhere Trittfrequenz die generelle Leistungsfähigkeit verbessert.

**ANGEBERWISSEN ►** *»Schau mal, Fahrer x mit seinen kleinen Gängen gleicht einer Nähmaschine.« Oder umgekehrt: »Schau mal, wie Fahrer y sich mit den dicken Gängen und niedriger Kadenz abrackert.«*

CADENCE

BIANCHI

# CARAVAN

Man sagt im Scherz, man bekomme die Werbekolonne niemals zu Gesicht, bevor man nicht mit einem Rentner um ein Werbegeschenk gerungen habe. Die lange Schlange an Reklamefahrzeugen eilt der Tour de France voraus – vielleicht ergattert man einen Schlüsselring, eine Kappe oder wird von einer Wasserpistole nass gespritzt. Man kann sich dank der Karawane von Würstchen ernähren, falls man Würstchen mag. Alle Großsponsoren sind in der Werbekolonne mit Fahrzeugen vertreten, von Festina über PMU bis zu Coca-Cola. Darüber hinaus gibt es eine ganze Anzahl sehr seltsamer und wunderbar gestalteter Wagen, verziert mit Gartenzwergen oder Baguettes. Yvette Horner, französische Akkordeon-Spielerin aus den 50er- und 60-Jahren, wurde erst durch sie zum Star, als sie Zuschauer ebenso wie Podiumszeremonien von ihrem speziell umgebauten Van mit Ständchen beglückte. Die Tour-Organisatoren behaupten, dass ungefähr die Hälfte der Leute, die sich die Tour am Streckenrand anschauen, tatsächlich nur wegen der Werbekolonne kommen.

**ANGEBERWISSEN** ▸ *Wusstesn Sie, dass es 160 Fahrzeuge in der Werbekolonne gibt, die in den drei Wochen 16 Millionen Artikel an die Zuschauer verteilen? Das entspricht 32 Tonnen an Werbegeschenken oder dem Gewicht von sieben Elefanten!*

# CHAPEAU

**HERKUNFT UND ÜBERSETZUNG** ▸ Wenn Franzosen zum Ausdruck bringen wollen, dass man einen guten Job gemacht hat, dann tippen sie sich kurz an den Hut, französich: *Chapeau*. Also *Chapeau*, dass Sie sich für dieses Buch entschieden haben!

# CHASSE PATATE

**HERKUNFT UND ÜBERSETZUNG** ▸ Frankreich; frei übersetzt: Kartoffeln jagen

Wenn ein Fahrer bei einem Radrennen eingekeilt ist zwischen den führenden Ausreißern und dem Peloton, während er verzweifelt versucht, sich weiter vom Hauptfeld abzusetzen und die Gruppe vor sich einzuholen – dann gilt er in Frankreich als *en chasse patate*. Die Bezeichnung stammt von Sechs-Tage-Rennen. Bei diesen Marathonveranstaltungen, die ursprünglich aus Großbritannien stammen, versorgen sich die Fahrer während der Fahrt selbst – die anschließenden Sprints, um die Führenden wieder einzuholen, waren spürbar langsamer, denn die Fahrer mussten den Inhalt ihrer *musettes* (Verpflegungsbeutel, siehe S. 91) erst verdauen.

# CHEATING (BETRÜGEREI/SCHUMMELEI)

Neben dem Doping gab und gibt es auch andere Betrügereien, die den Rennsport jahrelang belastet haben: Die einen nahmen den Zug, die anderen ließen sich vom Teamfahrzeug ziehen oder sogar kutschieren. Mittlerweile werden Fahrer bestraft, wenn sie sich zu lange vom Teamfahrzeug ziehen lassen oder es zulassen, dass ein Fan sie anschiebt. Aktuell wird dem sogenannten E-Doping immer mehr Aufmerksamkeit gewidmet.

**ANGEBERWISSEN** ▸ *»1904 biss Hippolyte Aucouturier auf einen Korken, daran ein Seil, dessen anderes Ende mit dem Teamfahrzeug verbunden war. Ich kann nur hoffen, dass er einen guten Zahnarzt hatte.«*

15

## CHUTE

**HERKUNFT UND ÜBERSETZUNG** ▸ Frankreich; Sturz
Die Gründe für einen Sturz sind vielfältig, eine Engstelle auf der Straße, ein Positionskampf oder ein vereinzelter Zuschauer, der noch näher ans Geschehen möchte. In Erinnerung geblieben ist ein heftiger Sturz auf den letzten Metern beim Zielsprint einer Tour-Etappe 1994, als ein Polizist auf die Straße trat und ein Foto machen wollte. Wenn Sie einen Unfall während eines Rennens haben sollten, dann besser auf den letzten drei Kilometern, denn dann fließt die Zeit des Hauptfeldes auch in Ihre Wertung ein.

## CLASSIC (KLASSIKER)

Klassiker sind Eintagesrennen, die von besonderer Bedeutung sind oder über eine große Tradition verfügen. Es gibt Klassiker im Flachen (wie Paris–Tours), mit kleinen bis mittleren Anstiegen (Amstel Gold Race, Flèche Wallone, Lüttich–Bastogne–Lüttich) und die Rennen über die Kopfsteinpflasterpassagen bei der Flandern-Rundfahrt und Paris–Roubaix. Fünf dieser extrem harten Rennen sind besser bekannt als die »Monumente des Radsports«: Mailand–Sanremo, die Flandern-Rundfahrt, Paris–Roubaix, Lüttich–Bastogne–Lüttich sowie die Lombardei-Rundfahrt (siehe jeweiligen Anfangsbuchstaben).

Es gibt drei Männer, die es geschafft haben, sich zum König der Klassiker zu krönen, indem sie alle fünf Monumente in einer Saison gewinnen konnten, und alle drei sind Belgier: Roger De Vlaeminck, Rik Van Looy und natürlich Eddy Merckx.

**ANGEBERWISSEN** ▸ *Die ursprünglichen Klassiker konnten mehr als 400 Kilometer lang sein – heute ist das längste Rennen Mailand–Sanremo mit 295 Kilometern.*

## CLIMBING (KLETTERN)

Diese Fähigkeit ist Grundbedingung für jeden Fahrer, der bei großen Rundfahrten oder hügeligen Klassikern wie Mailand–Sanremo ums Klassement mitfährt. Alle großen Rundfahrt-Spezialisten waren in der Lage, es mit den wahren Bergziegen aufzunehmen (denken wir nur an Merckx und Coppi); oder sie drückten dem Rennen ihren Stempel bei den Zeitfahren auf, um anschließend die Kletterer in den Bergen unter Kontrolle zu haben – auf diese Weise gewann Wiggins 2012 die Tour. Sogar Sprinter müssen am Berg etwas zeigen, wenn sie im Kampf um das Grüne Trikot bis zum Schluss einer Rundfahrt mithalten wollen.

**ANGEBERWISSEN** ▸ *»Du kommst nicht in Grün nach Paris, wenn du nicht über die Berge kommst.«*

## COBBLES (KOPFSTEINPFLASTER/PAVÉS)

Siehe P für Pavé, S. 106

## COMMISSAIRE

Der *Commissaire* oder Kommissar ist das Pendant zum Obmann oder Schiedsrichter. Zu den Aufgaben der *Commissaires* gehört es, den Fahrer auf seine Renntauglichkeit zu untersuchen und sicherzustellen, dass das Equipment den Regularien entspricht. Außerdem sind sie zuständig für die Schlichtung bei Streitigkeiten und die Bewertung von Ergebnissen. Die *Commissaires* entscheiden beim Foto-Finish oder über eine Disqualifikation wegen gefährlichen Fahrens.

FAHRER

# CONTADOR, Alberto

**GEBOREN** ▸ 6. Dezember 1982, Pinto (Madrid)
**NATIONALITÄT** ▸ spanisch
**AKTIVE ZEIT ALS PROFI** ▸ seit 2003
**FAHRERTYP** ▸ Allrounder, Kletterspezialist
**SPITZNAME** ▸ El pistolero (Contadors Markenzeichen bei einem Sieg: Er feuert mit der Hand eine imaginäre Pistole ab)
**GRÖSSTE ERFOLGE** ▸ 2x Tour de France (2007, 2009), 1x Giro d'Italia (2008), 2x Vuelta a España (2008, 2012), 2x Paris–Nizza (2007/2010)
**GRÖSSTE RIVALEN** ▸ Lance Armstrong, Andy Schleck, Chris Froome

Der spanische Radprofi Alberto Contador ist der einzige Spanier, der alle großen Rundfahrten für sich entscheiden konnte – die Tour, den Giro und die Vuelta. Außerdem schaffte er das Double aus Giro- und Vuelta-Sieg im Jahr 2008, als sein Team Astana bei der Tour de France aufgrund diverser Dopingskandale im Jahr zuvor nicht berücksichtigt worden war.

Contador war immer ein athletisches und sportliches Kind, doch mit 14 Jahren wendete er sich von der Leichtathletik und dem Fußball ab und konzentrierte sich auf Anraten seines älteren Bruders Javier (heute sein Manager) ganz auf den Radsport. Das Duo hatte eine wunderschöne, doch auch sehr mühselige Kindheit in Pinto (wo Contador immer noch lebt), denn seine Eltern konnten nicht ausreichend für einen jüngeren Bruder sorgen, der an infantiler Zerebralparese leidet. Der Radsport gab dem jungen Mann die Gelegenheit, seiner Familie finanziell unter die Arme zu greifen.

Der Erfolg stellte sich rasch ein: Er gewann fünf große Rundfahrten in nur drei Jahren, obwohl ihm der Tour-de-France-Sieg 2010 wegen eines erhöhten Clenbuterol-Wertes aberkannt wurde, den der Spanier auf den Genuss eines kontaminierten Steaks zurückführte. Das Rennen blieb in Erinnerung wegen des »Chaingate«-Zwischenfalls auf der 15. Etappe. Contador attackierte seinen ärgsten Rivalen in Gelb Andy Schleck genau zu dem Zeitpunkt, als dieser ein Problem mit seiner Schaltung hatte (die Kette war abgesprungen). Der Zwischenfall wurde deshalb so heiß diskutiert,

FAHRERIN

# COOKE, Nicole

**GEBOREN** ▸ 13. April 1983, Swansea (Wales)
**NATIONALITÄT** ▸ walisisch
**AKTIVE ZEIT ALS PROFI** ▸ 2002 bis 2012
**FAHRERTYP** ▸ Straßen- und Bahnradspezialistin
**SPITZNAME** ▸ Cookie, The Wick Wonder (in etwa: das Kekswunder)
**GRÖSSTE ERFOLGE** ▸ Straßenweltmeisterin (2008), Olympiasiegerin im Straßenrennen (2008), Siegerin beim Straßenrennen der Commonwealth Games (2002), Giro d'Italia (2004), Tour de France (2006, 2007), 3x Flèche Wallonne (2003, 2005, 2007), Amstel Gold Race (2003), Flandern-Rundfahrt (2007), 10x walisische Meisterin
**GRÖSSTE RIVALIN** ▸ Marianne Vos (siehe S. 138)

Nicole Cooke ist eine der größten Radsportlerinnen, die Großbritannien je hervorgebracht hat.

weil der Luxemburger an dem Tag in Gelb fuhr und es zu den ungeschriebenen Gesetzen gehört, dass das Gelbe Trikot nicht angegriffen wird, wenn es in Schwierigkeiten steckt – eine Regel, die oft zitiert wird und selten Beachtung findet. Contador übernahm das Trikot und führte es bis nach Paris, nur um es aufgrund der rückdatierten Sperre von zwei Jahren wieder zu verlieren.

Nachdem er 2008 den Giro d'Italia praktisch ohne Vorbereitung gewonnen hatte, festigte sein Tour-Sieg ein Jahr später Contadors Ruf als eines der größten Talente seiner Generation für die Grand Boucles. Contador lieferte sich einen Titanenkampf mit seinem Teamkollegen Lance Armstrong, er sollte später sagen, dass er zwei Wettkämpfe bestritt: einen auf der Straße, den anderen im Hotel. Vom Team isoliert und einem Armstrong, der nicht nur das beste Equipment gestellt bekam, sondern auch noch die Wagenflotte kommandierte, war der Spanier gezwungen, sich auf seinen Bruder zu verlassen, um beispielsweise nach einer Gipfelankunft zurück zum Teamhotel zu kommen. Contador missachtete Mannschaftsanweisungen und griff schließlich am letzten Anstieg der 15. Etappe hinauf nach Arcalis in den Pyrenäen an, bei dem er das Gelbe Trikot ergattern und es beim abschließenden Zeitfahren in Annecy noch festigen konnte.

Doch es hätte auch alles ganz anders kommen können. Im Jahr 2004 kollabierte Contador während eines Rennens. Man stellte bei ihm ein zerebrales Kavernom (ein Gefäßmissbildung im Gehirn) fest, ein angeborener Defekt, der das Karriereende hätte bedeuten können. Doch eine Operation verlief erfolgreich, und der Spanier verficht bis heute die Auffassung, der Gewinn der Königsetappe (siehe S. 114) bei der Tour Down Under 2008 vier Jahre später sei der schönste Sieg seiner Karriere gewesen.

**SCHON GEWUSST?** ▸ Obwohl er von seinem großen Idol Miguel Indurain inspiriert wurde, waren die Helden seiner Kindheit Lance Armstrong und Marco Pantani. Contador behauptet, er habe Armstrongs Buch *Tour des Lebens* sogar zweimal gelesen, als er sich von seiner Operation erholte.

**SCHON GEWUSST?** ▸ Seine erste Rad-Ausstattung war selbst gemacht. Seine Mutter nähte ihm Schulterpolster in ein Paar Shorts und schnitt die Zehen an Socken ab – so leicht bekommt man Armlinge!

Sie fing mit dem Radsport im Alter von elf Jahren an und erhielt den »Birdlake Memorial Prize« für außergewöhnliche Leistungen im britischen Radsport, denn sie gewann auf dem Mountainbike, auf der Straße und im Zeitfahren den Weltmeistertitel. Tatsächlich war wohl ihr größter Erfolg der Kampf für die Etablierung nationaler britischer Meisterschaften für Mädchen, sodass der Weg geebnet wurde für Stars wie Victoria Pendleton oder Laura Trott.

Cooke veröffentlichte ihre Autobiografie *The Breakaway* im Jahre 2014 und kämpft weiter für den Fahrradsport der Frauen.

**ANGEBERWISSEN** ▸ *Cooke gehört zu den wenigen Radsportler, bei den Männern und den Frauen, die im gleichen Jahr sowohl olympisches Gold als auch das Regenbogentrikot gewinnen konnten.*

# D WIE ...

## DOMESTIK

Der Begriff stammt ursprünglich aus dem Französischen und meint Diener oder Knecht, und ohne den *domestique* gäbe es den professionellen Radsport nicht so, wie wir ihn kennen. Seine einzige Aufgabe besteht darin, den Mannschaftskapitän zu unterstützen und auf alle Glorie zu verzichten. Er ist also schon ein seltsames Wesen.
Obwohl eine ganze Mannschaft am Start steht, hat nur ein Fahrer die realistische Chance, den gesamten Ruhm für sich einzustreichen. Die anderen dürfen sich vielleicht mit einem Etappengewinn trösten als Lohn für ihre harte Arbeit – oder wenn klar wird, dass der Teamleader keine Chance mehr auf den Gesamtsieg hat. Das ist das Schicksal des Helfers – sich selbst dem Kapitän unterzuordnen, vorn im Wind zu fahren und dem Leader Windschatten zu spenden, ihm das Rad zu geben, falls er einen Defekt hat, ihn auf den Anstiegen zu beschützen und anschließend sicher ins Tal zu geleiten. Domestiken verwöhnen und beschützen den Kapitän wie liebeskranke Drohnen die Bienenkönigin.
Der Begriff stammt direkt aus der Feder von Henri Desgrange, dem Gründer der Tour de France. Er verachtete Absprachen und gegenseitige Hilfe derart, dass er diesen Terminus für den französischen Fahrer Maurice Brocco prägte, als er davon hörte, dass Brocco einem anderen Fahrer seine Dienste als Tempomacher angeboten hatte. Er sei »kaum besser als ein *domestique*«, beschrieb Desgrange Brocco, und diese Bezeichnung für die Helfer setzte sich durch.

# DÉPART

Mit Départ wird im Französischen die Startlinie bei einem Rennen bezeichnet. Tatsächlich aber existieren zwei Départs, nämlich der *départ fictif* und der *départ reel*. Beim fiktiven Start ist das Rennen neutralisiert, das Peloton kann langsam aus der Stadt herausrollen, ohne irgendein Malheur fürchten zu müssen (obwohl es dennoch ab und an zu Stürzen kommt), und die Zuschauer können einen guten Blick auf ihren favorisierten Fahrer erhaschen. Der tatsächliche Start erfolgt hingegen erst dann, wenn der Renndirektor seine Flagge senkt und es ernst wird.

# DERAILLEUR

Vereinfacht ausgedrückt, versteht man unter dem Derailleur (dt. Schaltgruppe) ein mechanisches System, das es erlaubt, hoch- und runterzuschalten, entweder zwischen den Kettenblättern (mittels Umwerfer) oder auf der Kassette (Schaltwerk). Durch Betätigung eines Schalthebels wird die Kette präzise von einem Kettenblatt oder Ritzel auf ein anderes geführt.

Obwohl sehr viele frühe Varianten des Derailleurs gegen Ende des 19. Jahrhunderts entworfen wurden, auf der Höhe des Fahrradbooms also, wurde das erste Schaltwerk mit zwei Ritzeln 1905 entwickelt. Erst im Jahr 1928 präsentierte Oscar Egg, ein Schweizer Bahnfahrer, das erste renntaugliche System und nannte es »Super Champion«. Doch es brauchte weitere neun Jahre, bevor der Derailleur sein Debüt bei der Tour de France gab. Viele Fahrer misstrauten der Mechanik dennoch, hielten es für nicht verlässlich und bevorzugten Vielfach-Getriebeübersetzungen, denn natürlich ist es viel einfacher, vom Rad abzusteigen, die Kettenspannung zu reduzieren, per Hand die Kette auf das neue Ritzel zu fummeln, das Hinterrad wieder neu zu positionieren und wieder Spannung auf die Kette zu bekommen, anstatt einen Schaltmechanismus die ganze Arbeit machen zu lassen. Und wehe dem, der vergaß, die Flügelmuttern wieder anzuziehen ... 1938 kam Simplex mit einem Derailleur auf den Markt, der sich über ein Kabel schalten ließ, knapp elf Jahre später folgte Campagnolo mit der Einführung der ersten modernen Schaltgruppe: der Gran Sport.

Der Effekt des Derailleurs auf den modernen Radsport ist unermesslich – die Durchschnittsgeschwindigkeit bei der Tour de France stieg sprunghaft an. Man sagt, dass die *lanterne rouge* bzw. der letzte Fahrer der Tour von 1937 dieselbe Zeit benötigt hat wie der

FORTSETZUNG SIEHE FOLGESEITE ►

Gewinner der Rundfahrt im Jahr zuvor. Die Schaltgruppe hatte natürlich auch Auswirkungen auf die Renntaktik – mit dem alten System musste man genau im richtigen Moment absteigen, ein Gangwechsel konnte entscheidend sein, besonders bei Bergetappen. Mit dem neuen Schaltsystem hingegen war dies nicht länger der Fall, die Fähigkeit, einen Gang ganz einfach und schnell zu wechseln, war buchstäblich nur noch eine Fingerübung.

**ANGEBERWISSEN** ▸ *»Ich bin ein Campa-Mann/eine Campa-Frau.« Die italienische Firma ist weltberühmt für ihre hochqualitativen Komponenten, aber der japanische Konkurrent Shimano hat die Marktführerschaft inne. Die Rivalität zwischen beiden Unternehmen ist Legende, genauso wie ihr Versuch, immer besser zu sein als der andere.*

# DESGRANGE, Henri

Der Vater der Tour, Henri Desgrange, wurde 1865 in Paris geboren und war ein erfolgreicher Bahnradfahrer, dem ein Dutzend Weltrekorde gelangen, bevor er seine Karriere beendete und bei der Zeitschrift *L'Auto* landete. Aus dem Nichts stampfte er zusammen mit Géo Lefèvre die Tour de France aus dem Boden, und die beiden erfanden damit quasi im Alleingang eine neue Sportart: das Etappenrennen.

Die Geburtstunde der Tour de France hat eine dunkle Seite, denn ihre Installation war der Versuch, das Konkurrenzblatt *Le Vélo* zu vernichten, das Alfred Dreyfus unterstützte, einen französischen Juden, der beschuldigt wurde, Staatsgeheimnisse an Deutschland verraten zu haben. *L'Auto* war ein entschiedener Gegner Dreyfus' – die ganze Dreyfus-Affäre umgab weit mehr als ein unschöner Hauch von Antisemitismus. Angekündigt für den 19. Januar 1903, war die erste Tour ein durchschlagender Fehlschlag. Niemand war daran interessiert, den Aufwand auf sich zu nehmen, sechs Wochen lang über irgendwelche Nebenstraßen Frankreichs zu fahren. Lefèvre und Desgrange kürzten die Tour auf drei Wochen zusammen, danach schrieben sich immerhin 87 Fahrer ein. Die Tour de France war geboren, und die schwindende Auflage von *L'Auto* verdoppelte sich sogar.

Desgrange fuhr selbst ein Leben lang, er verfasste eine Abhandlung, *La Tête et les Jambes* (Der Kopf und die Beine), in der er seine Gedanken über den professionellen Rennradsport sammelte. Neben anderen Perlen der Weisheit kommt Desgrange darin unter anderem zu dem Schluss, dass eine Frau für einen Radfahrer so nützlich wie ein dreckiges Paar Socken wäre. Doch seine Ratschläge hinsichtlich Training und Ernährung und sein Beharren auf dem Standpunkt, dass Radsport zu gleichen Teilen sowohl mental als auch körperlich anspruchsvoll sei, haben an Aktualität nichts eingebüßt. Geradezu selbstherrlich betrachtete er die Tour als »größtes wissenschaftliches Experiment, das der Radsport jemals geboten hat«. Unentwegt mischte er sich in die Regularien ein bei dem zum Scheitern verurteilten Versuch, dass die Fahrer zusammenarbeiteten. Von ihm soll der berühmte Ausspruch stammen: »Die ideale Tour ist die Tour, bei der es nur einem Fahrer gelingt, ins Ziel zu kommen.« Neue Technologien wie den Derailleur (siehe S. 31) verachtete er: »Ich glaube immer noch, dass verschiedene Gänge für Leute über 45 gedacht sind. Ist es nicht besser, dank seiner Muskeln zu triumphieren, statt einer Vorrichtung wie dem Derailleur? Wir verweichlichen immer mehr ... Was mich angeht, gebt mir einen fest justierten Gang.«

In seinen Fünfzigern kämpfte er mit gewöhnlichen Soldaten, den *poilus*, in den Schützengräben des Ersten Weltkriegs und erhielt das *Croix de Guerre*. Die Rennleitung übertrug er 1936 Jacques Goddet, vier Jahre später verstarb er und hinterließ als bleibende Erinnerung das größte Radrennen der Welt.

**SCHON GEWUSST?** Ein Denkmal, das an Henri Desgrange erinnert, steht auf dem Gipfel des Col du Galibier (siehe S. 54) in den französischen Alpen.

**ANGEBERWISSEN** ▸ *Desgrange war so besorgt, dass die erste Tour de France ein Desaster werden würde, dass er noch nicht einmal dort aufkreuzte, um sie sich anzusehen.*

Diablo

# DIDI, DER TEUFEL

Didi Senft, besser bekannt als »Didi, der Teufel« oder *El Diablo* ist ein deutscher Fahrraddesigner, der seit 1993 bei europäischen Rennen nicht mehr wegzudenken ist. Von Kopf bis Fuß in ein Teufelkostüm gekleidet, mit Hörnern und Dreizack bewaffnet, einem wallenden Bart sowie überbordenden Mätzchen am Straßenrand hat Senft Fans auf der ganzen Welt gewonnen. Sein Markenzeichen, der Dreizack, findet sich mittlerweile bei allen großen Rennen, besonders bei der Tour de France. Didi reist teils in Begleitung seiner Kreationen – darunter das größte Fahrrad der Welt – und wird im Guinness-Buch der Rekorde als Erfinder der größten mobilen Gitarre geführt. Leider musste Didi seinen Dreizack 2014 an den Nagel hängen – eine fatale Kombination aus fehlenden Sponsoren und gesundheitlichen Problemen. Aber er hat eine ganze Reihe Nachfolger, die ihm nacheifern, inklusive dem »Specialized Angel« und »American Horn Guy« – und jedem Zuschauer, der einmal in einem grünen Mankini à la Borat hinter dem Feld hergelaufen ist.

# DIRECTEUR SPORTIF (SPORTLICHER LEITER)

Der Ranghöchste bei jedem Radrennen ist der *directeur sportif*, also der Sportliche Leiter, der im Mannschaftswagen über die Taktik während des Rennens entscheidet (und natürlich zuvor, wer es überhaupt ins Team schafft). Er kommuniziert mit den einzelnen Fahrern über Funk Gefahrenstellen, Unfälle oder Zeitabstände. Im Mannschaftswagen sitzt meist noch ein Mechaniker, auf das Dach sind Ersatzräder geschnallt, außerdem werden Drinks, Energieriegel, Gels und medizinisches Equipment mitgeführt.

**SCHON GEWUSST?** ► 2014 schrieb Rachel Heal als erste Sportliche Leiterin bei einem Männerrennen der World Tour Geschichte.

# DNS/DNF

Diese Abkürzungen finden sich oft in Ergebnislisten und bedeuten *did not start* (nicht gestartet) oder *did not finished* (nicht ins Ziel gekommen). Drei Buchstaben, die für das Ende von Hoffnungen, Träumen oder Ambitionen für jeden Fahrer stehen, der je an der Startlinie auf der Jagd nach Ruhm und Ehre stand.

# DOPING

Tu es nicht – leider hat man im professionellen Radsport diesen Rat nur wenig beherzigt. Seit den Anfangstagen umgibt den Radsport der zweifelhafte Ruf, dass nachgeholfen wird: 1911 ist von einer vergifteten Trinkflasche die Rede, die Paul Duboc gereicht worden sein soll. 1920 wurde mit dem Finger auf gewisse Ärzte gezeigt, als Louis Mottiat gezwungen war, das Rennen zu beenden, weil er »die unangenehme Angewohnheit hatte, das Rennen unter Medikamenteneinfluss zu fahren«. Die Brüder Pélissier schließlich gaben 1924 Albert Londres – dem Vater des modernen investigativen Journalismus – ein aufsehenerregendes Interview, in dem sie behaupteten, »auf Dynamit« zu fahren; unter Dynamit verstanden sie Kokain, Chloroform und Amphetamine. Londres prägte die Bezeichnung *les forcats de la route* (die Strafgefangenen der Landstraße) für professionelle Radsportler.

Weitere ernste Probleme sollten folgen. 1955 kollabierte Jean Malléjac am Mont Ventoux und offenbarte das schmutzige Geheimnis des Radsports vor der

FORTSETZUNG SIEHE FOLGESEITE ►

ganzen Welt. Tour-Arzt Pierre Dumas kämpfte erfolgreich um das Leben Malléjacs, doch in den Sattel sollte dieser nie wieder steigen. Tom Simpson wurde dieses Glück an gleicher Stelle nicht zuteil, sein Tod war auf die fatale Mischung aus Amphetaminen, Alkohol und Hitze zurückzuführen, als er 1967 in knapp 2000 Metern Höhe kollabierte. Die Geschehnisse am Mont Ventoux führten dazu, dass eine Anti-Doping-Gesetzgebung auf den Weg gebracht wurde. Bereits 1966 wurden bei der Tour de France die ersten Doping-Kontrollen durchgeführt, Raymond Poulidor war der erste Fahrer, der jemals getestet wurde.

Doch die Zeiten und die Methoden zur Leistungssteigerung änderten sich. Als das komplette niederländische Team PDM seinen Start wegen einer mysteriösen Krankheit absagen musste, wurde dies auf ein schlecht gekühltes Intralipid zurückgeführt, das als Nahrungsergänzungsmittel Verwendung fand. Tatsächlich hatte das Team ein neues Produkt verwendet, Erythropoietin (EPO). EPO wird in der Niere produziert und stimuliert die Produktion von roten Blutkörperchen, sodass viel mehr Sauerstoff im Körper zu den Muskeln transportiert werden kann und Athleten leistungsfähiger werden. Der Vorteil für die Sportler lag auf der Hand, eine australische Studie wies nach, dass mit einer EPO-Kur innerhalb von vier Wochen Leistungssteigerungen möglich waren, für die man normalerweise mehrere Jahre brauchte. 1998 war das gesamte Festina-Team gezwungen, seinen Start bei der Tour de France zurückzuziehen, nachdem man im Auto des Soigneurs Willy Voet an der französischen Grenze unzählige leistungssteigernde Mittel gefunden hatte, darunter EPO. Für den professionellen Radsport begann seine dunkelste Periode, die in der Annullierung der sieben Tour-Siege von Lance Armstrong nach dessen Doping-Geständnis im Jahr 2012 gipfelte. Er gab zu, sowohl mit Medikamenten als auch mit Bluttransfusionen gedopt zu haben.

# DOSSARD

**HERKUNFT UND ÜBERSETZUNG** ► Frankreich; Rücken-/Startnummer

Unter *dossard* versteht man die Rückennummer, die jeder Fahrer tragen muss. Bei der Tour de France wird die rote Nummer für den aggressivsten und angriffslustigsten Fahrer vergeben (oftmals derjenige, der die meiste Zeit bei einem Ausreißversuch allein gefahren ist), dem Gewinner des Preises für den kämpferischsten Fahrer. Ihm winkt als Belohnung Käse, dessen Menge abhängig ist vom Körpergewicht des Athleten. Das führende Team im Rennen trägt hingegen gelbe Rückennummern.

# DOWNHILL

Downhill, also bergab zu fahren gilt als der beste Teil des Bergauffahrens. Profi-Fahrer sausen mit bis zu 110 km/h auf schnellen Abfahrten ins Tal hinunter, aber den Weltrekord hält Éric Barone, der einen Berg auf Schnee herabfuhr und es dabei auf sagenhafte 222 km/h brachte. Darüber hinaus ist Downhill als separate Disziplin besonders im Mountainbike-Sport populär.

# DRAFTING

Sollte nicht mit Hinterradlutschen verwechselt werden. Drafting erlaubt den Fahrern, Energie zu sparen und sich etwas zu erholen, nachdem sie in einer Gruppe vorn im Wind gefahren sind. Man findet nicht nur Windschutz im Rücken eines anderen Fahrers, sondern profitiert auch von dem geringeren Luftwiderstand. Die Energieeinsparung schwankt zwischen 20 und 40 Prozent und hilft beiden Fahrern, denn der Hintermann reduziert die Luftverwirbelungen des Führenden. Besonders profitieren die Athleten natürlich bei Rennen oder Etappen, die über mehrere Stunden gehen.

Á BLOC

# E WIE …

## ÉQUIPE

Équipe ist nichts anderes als das französische Wort für Mannschaft, in unserem Fall ein Radteam. Jede Radmannschaft besteht neben den Fahrern aus einer umfangreichen Belegschaft für den Support: Sportlicher Leiter, Soigneure (beide siehe S), Mechaniker, Trainer, Köche und medizinisches Personal. Die Fahrer setzen sich zusammen aus Sprintern, *rouleurs* (siehe R), *puncheurs* (siehe P) und *grimpeurs*. Einige Teams, wie Sky, setzen den Fokus auf den Gesamtsieg und unterstützen ausschließlich den Mannschaftskapitän, andere Teams konzentrieren sich vielleicht mehr darauf, einzelne Etappensiege einzufahren oder andere Klassements zu gewinnen wie die Berg- oder Sprintwertung oder aber die des besten Nachwuchsfahrers. Zielsetzung des Teams sowie Charakteristik des Rennens sind entscheidend für die Auswahl der Fahrer. Für Paris–Roubaix braucht man große, starke Rouleure, die über das Kopfsteinpflaster jagen können, für die Vuelta a España bedarf es hingegen einer ganzen Riege Kletterer für die unzähligen Bergankünfte.

## EQUIPIER

Das einzelne Mitglied einer Mannschaft, die sich aus Sprintern, Kletterern, Rouleuren oder Fahrern fürs Gesamtklassement zusammensetzt. Die Rouleure sind die kräftigen Fahrer, die oftmals Kilometer um Kilometer an der Spitze des Hauptfeldes schuften müssen. Zusammen unterstützen sie ihren Teamkapitän im Idealfall bis aufs Podium, ohne Aussicht darauf, selbst ein wenig vom Ruhm abzubekommen (siehe auch Domestik S. 30).

**ANGEBERWISSEN** ▸ *Im Radsport ist es Tradition, dass der Gewinner eines Rennens sein Preisgeld mit den treuen* équipiers *teilt.*

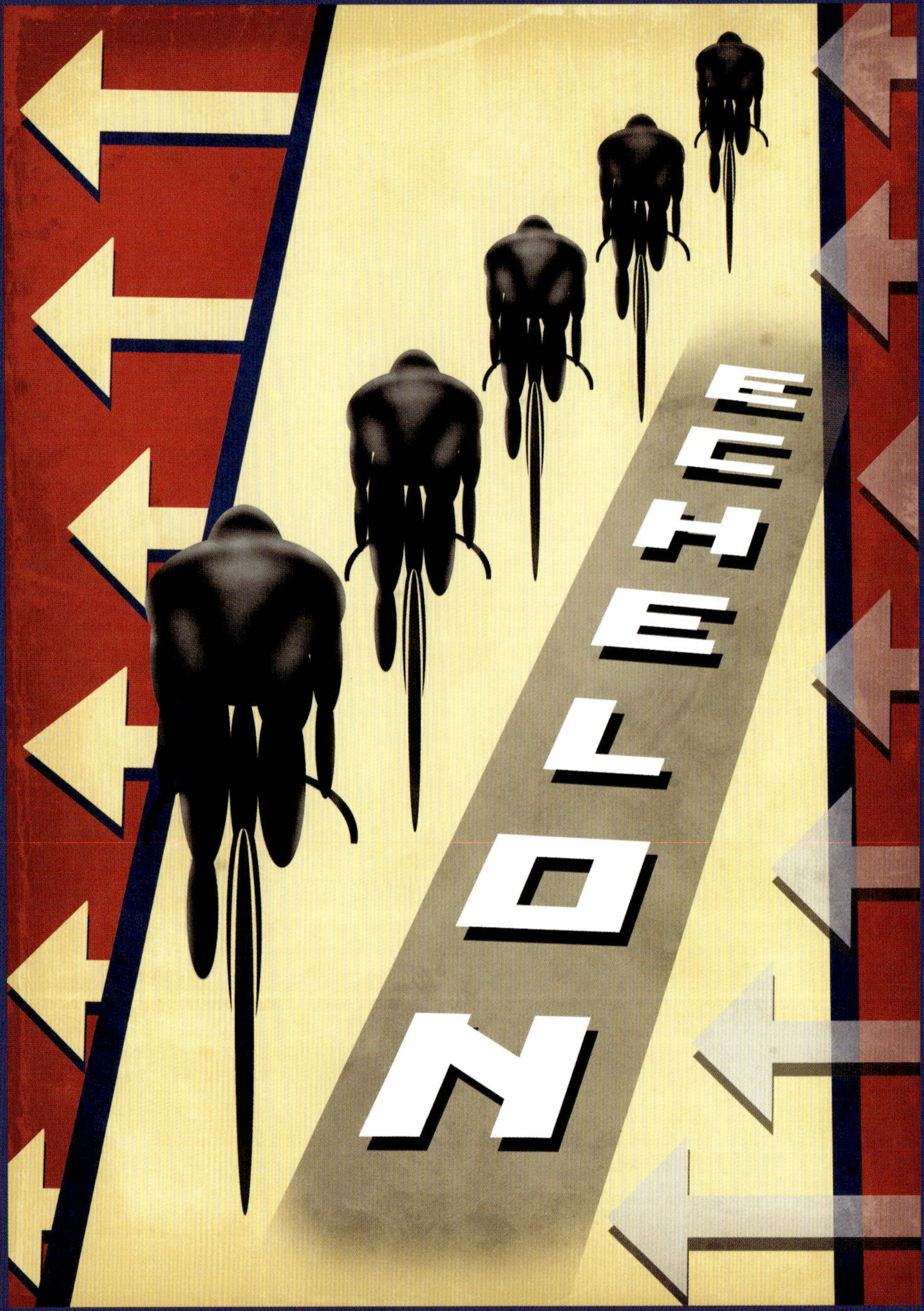
ECHELON

# ECHELON

**HERKUNFT UND ÜBERSETZUNG** ▸ Frankreich; Staffel, Staffelung

Ein sogenanntes Echelon ist eine Diagonale, die das Peloton (vor allem die Fahrer vorn) bildet, wenn der Wind von der Seite weht. Die Fahrer suchen dann Schutz beim jeweils Vorausfahrenden, indem sie ihr Vorderrad neben das Hinterrad des Vordermannes bringen und versetzt fahren. Der Führende hält seine Position im Wind so lange er kann und reiht sich dann wieder am Ende des Echolons ein. Starker Seitenwind kann für große Abstände sorgen, Fahrer können viel Zeit oder Energie verlieren, wenn das Hauptfeld auseinanderreißt.

FAHRER

# EVANS, Cadel

**GEBOREN** ▸ 14. Februar 1977, Katherine (Northern Territory, Australien)
**NATIONALITÄT** ▸ australisch
**AKTIVE ZEIT ALS PROFI** ▸ 1999 bis 2015
**FAHRERTYP** ▸ Allrounder, stark am Berg
**SPITZNAME** ▸ Cuddles
**GRÖSSTE ERFOLGE** ▸ Tour de France (2011), Straßenweltmeister (2009), Tour de Romandie (2006, 2011), Tirreno–Adriatico (2011), Critérium International (2012)
**GRÖSSTE RIVALEN** ▸ Andy Schleck, Alberto Contador, Bradley Wiggins

Cadel Evans war der erste Australier, der sich dank einer gewagten Attacke 2009 das Regenbogentrikot des Straßenweltmeisters überstreifen durfte. Zwei Jahre später erklomm er den Gipfel und gewann die Tour de France als erster Fahrer der südlichen Hemisphäre.

Evans kam über das Mountainbiken zum Straßenrennen. Im Jahr 2000 wechselte er als Vollzeitprofi auf die Straße und sorgte erstmalig für Aufsehen beim Giro d'Italia, bei dem er einen Tag in Rosa fuhr, bevor er am nächsten Tag einbrach und über 17 Minuten verlor. Er sollte das *maglia rosa* noch einmal tragen, allerdings dauerte es bis zum Jahre 2010.

Aber bei der Tour de France erstrahlte Evans Stern am hellsten, 2007 und 2008 wurde er jeweils Zweiter, bevor er es im Jahr 2011 endlich schaffte, das Gelbe Trikot bis nach Paris zu fahren, obwohl er es während des gesamten Rennens nur auf der letzten Etappe trug. Erst im letzten Einzelzeitfahren am vorletzten Tag, als er Zweiter hinter Tony Martin wurde, machte er ausreichend Zeit gegenüber den bis dahin führenden Schleck-Brüdern gut und verwies sie in Paris auf die Plätze zwei und drei.

Evans, der fließend Italienisch spricht, ist mit einer italienischen Musiklehrerin verheiratet und Vater eines adoptierten Sohnes, Robel, der auf den Straßen Äthiopiens ausgesetzt wurde. Der Australier ist für sein karitatives Engagement bekannt und ein Fürsprecher der Freiheit-für-Tibet-Bewegung. 2008 trug er ein Unterhemd mit der tibetischen Flagge, um die Aufmerksamkeit auf die Unruhen in dem Land zu lenken.

**ANGEBERWISSEN** ▸ *Der Spitzname Cuddles geht auf einen Insider-Witz zurück. Der Australier gibt sich gegenüber der Presse stets kratzbürstig und sagte einst einem Reporter, als dieser seinem Hund Molly zu nahe kam: »Treten Sie nicht auf meinen Hund, oder ich schlag Ihnen den Kopf ab!«*

# ETAPPE

Etappen unterteilen ein Rennen: von kleineren wie Paris–Nizza oder der Tour of California bis hin zu den großen, dreiwöchigen Rundfahrten. Es gibt fünf Etappen-Typen:

- **Flachetappen:** enden meist mit einer Sprintankunft
- **Hügelige Etappen:** eignen sich gut für Ausreißergruppen
- **Bergetappen:** bieten am meisten Dramatik, hier entscheidet sich das Rennen. Die schwierigste Etappe wird als *étape reine* oder auch Königsetappe bezeichnet
- **Einzelzeitfahren:** jeder Fahrer im Kampf gegen die Uhr; sie können mitentscheidend für das Gesamtergebnis sein, besonders bei mehrwöchigen Rundfahrten; können auf flachem wie auf hügeligem Terrain abgehalten werden, es gibt allerdings auch Bergzeitfahren
- **Mannschaftszeitfahren:** jedes Team im Kampf gegen die Uhr; sie werden meist in der ersten Woche einer Rundfahrt veranstaltet, solange die Teams noch komplett sind

Die härteste Etappe, die jemals gefahren wurde, war im Programm der Tour de France von 1926. Sie führte über den beängstigenden »Kreis des Todes«: Col d'Osquich, Col d'Aubisque, Cirque du Litor, Col du Soulor, Col du Tourmalet, Col d'Aspin und den Col de Peyresourde. Er führt über 323 Kilometer mit 6000 Höhenmetern, teils auf unbefestigten Straßen. Mutter Natur spielte den grimmigen Fahrern ebenfalls übel mit und bot alles an Gemeinheiten auf, was man sich vorstellen kann: sintflutartige Regenfälle, eisiger Nebel und Gewitterstürme. Es glich geradezu einem Dante'schen Inferno. Es war so kalt, dass es unmöglich war, mit den gefrorenen Fingern einen Platten zu reparieren. In den Gesichtern der Fahrer und auf den Rädern bildeten sich Eiszapfen. Der Gewinner, Lucien Buysse, brauchte 17 Stunden und 22 Minuten. Die letzten elf Fahrer fuhren mit dem Bus über die Ziellinie.

# EXPLOIT (HUSARENRITT)

Wenn ein Fahrer einen langen, einsamen Ausreißversuch unternimmt oder schier Unglaubliches am Berg leistet oder jedermann in einem Zeitfahren schlägt oder vielleicht nur richtig kämpfen muss, um überhaupt das Ziel zu erreichen und im Rennen zu bleiben, dann spricht man von einem wahren Husarenritt. Zu solchen Extremleistungen zählen die folgenden Beispiele:

Der Franzose Albert Bourlon gewann 1947 eine 253 Kilometer lange Etappe nahezu im Alleingang. Er setzte sich gleich beim Start ab, blieb trotz schwieriger Pässe wie dem Col de Port und dem Col de Portet-d'Aspet vorn und hatte im Ziel immerhin noch sechs Minuten Vorsprung.

Der Spanier Miguel Indurain fuhr wahrscheinlich das größte Zeitfahren aller Zeiten bei einer Tour de France. 1992 gelang ihm bei einem 65 Kilometer langen Einzelzeitfahren auf der neunten Etappe ein Schnitt von 45 km/h, er gewann in 1 Stunde, 19 Minuten und

31 Sekunden. Den sechs Minuten vor ihm gestarteten Laurent Fignon holte er ein, und der Zweitplatzierte hatte bereits drei Minuten Rückstand auf Indurain. Der Spanier fuhr wie eine Dampfwalze über den hügeligen Kurs hinweg – und über die damalige Konkurrenz.

Der Italiener Claudio Chiappucci hielt das Gedächtnis an Fausto Coppi in Ehren, als er *il campionissimos* grandiosen Ritt hoch nach Sestriere aus dem Jahre 1952 exakt 40 Jahre später wiederholte. Hatte Coppi noch am Croix de Fer attackiert und war anschließend allein über den Galibier sowie Montgenèvre gefahren und wies im Ziel in Sestriere sieben Minuten Vorsprung auf (umso bemerkenswerter, weil er tags zuvor als Erster überhaupt Alpe d'Huez gewonnen hatte), ging Chiappucci – genannt der kleine Teufel – einen anderen Weg, der aber ebenso episch sein sollte. Er griff sofort zu Beginn der Etappe an, überfuhr die Pässe Col de Saisies (2. Kategorie), Cormet de Roselend (2. Kategorie), Col d'Iseran (höchste Kategorie) und den finalen Anstieg hoch nach Sestriere (1. Kategorie) allein, um zu beweisen, dass er ebenfalls über die Klasse seines großen Idols verfügte. Während Chiappucci im Gepunkteten Trikot des besten Bergfahrers diese Glanzleistung erbrachte, fuhr Coppi in Gelb über den Zielstrich in Sestriere.

Der über einen Meter neunzig große Italiener Eros Poli war der größte Domestike in den 90er-Jahren, und im Jahr 1994 gelang ihm ein einzigartiger Soloritt bei der Tour de France, bei dem er den furchteinflößenden Mont Ventoux (siehe S. 143) allein bezwang und 40 Kilometer später im Ziel einen emotionalen Sieg feiern konnte. Poli gehörte normalerweise zu denjenigen, die in den Bergen im Gruppetto mitfuhren, aber an diesem Tag zeigte es der große Mann allen kleinen Bergziegen und erfreute somit die Herzen aller großen und damit schwergewichtigeren Radfahrer auf der ganzen Welt.

Bei der Tour 1983 übernahm der Franzose Pascal Simon das Gelbe Trikot sowie ganze vier Minuten Führung in den Pyrenäen. Am darauffolgenden Tag stürzte er und brach sich das Schulterblatt. Sein Kampf begann, das Gelbe Trikot irgendwie zu verteidigen. Simon lehnte es ab, das Rennen aufzugeben, und fuhr weitere fünf Tage, bevor er auf der Etappe nach Alpe d'Huez absteigen musste – selbst für den so tapferen und mutigen Simon war diese Prüfung zu schwer. »Ich habe versucht, es so weit zu schaffen wie möglich, aber es geht mir einfach zu schlecht«, konstatierte er. »Heute bin ich sehr traurig, es ist der letzte Tag, den ich in Gelb fahren durfte.« Simon behielt recht, er schaffte es nie wieder, das Gelbe Trikot überzustreifen. Doch die Geschichte hat noch eine ungeahnte Wendung zu bieten: Sein Bruder François, der immer neidisch war auf die ein gerahmten Trikots von Pascal, stand 2001 kurz davor, selbst in Gelb zu fahren. Vor dem Start der Etappe rief ihn sein Bruder an. »Er sagte mir, dass er das Trikot in den Alpen lassen musste und dass es nun an mir sei, es zurückzuholen«, so François. Abends war es geschafft, François streifte sich in Alpe d'Huez Gelb über, 18 Jahre, nachdem sein Bruder es dort verloren hatte.

Aber die generelle Schönheit bei solchen Husarenritten liegt im Auge des Betrachters – und ein Teil des Vergnügens, sich Radrennen anzuschauen, sind diese Momente, wenn ein Fahrer weit über sich hinauswächst und ein Rennen fährt, an das man sich für den Rest seines Lebens zurückerinnert.

# F WIE …

## FLAMME ROUGE

Die *flamme rouge* oder auch der Teufelslappen ist eine dreieckige Flagge, die den letzten Kilometer einer Etappe oder eines Rennens anzeigt und für gewöhnlich von einem aufblasbaren Bogen herabhängt, der die Straße überspannt. Für Zuschauer nicht der schlechteste Platz, denn die *flamme rouge* kommt bei der TV-Übertragung immer ins Bild. Zum ersten Mal wurde der Teufelslappen 1906 verwendet – vielleicht dachte Henri Desgrange dabei an das Militär, dass seinen Soldaten mittels einer roten Flagge den Schlachtbeginn signalisierte. Die *flamme rouge* war definitiv der Ausgangspunkt einiger großer Sprinterkämpfe in den vergangenen Jahrzehnten.

## FALSCHE FLACHSTELLE

Trügerischer Punkt an einem Anstieg, wenn die Steigung etwas nachlässt und der Berg nicht mehr so schwer erscheint. Man muss natürlich immer noch klettern, aber im Vergleich zu der Anstrengung auf den Kilometern davor fühlt es sich an, als würde man auf einer Landstraße dahinrollen.

## FEED ZONE (VERPFLEGUNGSSTELLE)

Die Verpflegungsstelle wird von den Franzosen *ravitaillement* genannt, was Auffüllung oder Nachschub bedeutet. Das ist dieser ziemlich chaotische Moment in einem Rennen, wenn die Helfer der verschiedenen Mannschaften ausscheren und um eine gute Position kämpfen, damit sie an die *musettes* (siehe S. 91) für die anderen Fahrer kommen, sodass diese während der Fahrt etwas essen können. Generell gilt unter den Fahrern in diesem Bereich, dass das Rennen neutralisiert wird, doch einige halten sich nicht daran und nutzen das Gewusel für einen Angriff – ein schneller Weg, sich Feinde zu machen. Die Gegner zu attackieren, wenn sie beispielsweise gerade einen Riegel essen, ist dagegen nicht verpönt. Auf diese Weise gewann Fabian Cancellara gegen Tom Boonen bei Paris–Roubaix 2010, als der Schweizer davonzog, während Boonen sich gerade einen Snack gönnte.

1
KM
69 69
FLAMME
ROUGE

# FESTINA-AFFÄRE

Als Willy Voet, ein Soigneur (siehe S. 123) vom Team Festina, am 8. Juli 1998 von französischen Zollbeamten angehalten wurde, die in seinem Auto eine Wagenladung an Dopingmitteln entdeckten, kam etwas ins Rollen, dessen Auswirkungen nicht nur auf die Tour de France, sondern auf den gesamten Sport bis heute zu spüren sind. Es war ein Rennen innerhalb des Rennens, auf das wirklich niemand gewartet oder gehofft hatte und das als Festina-Affäre in die Geschichtsbücher des Sports einging.

Voet wurde angeklagt, »Schmuggelware sowie verbotene Substanzen« mitzuführen, und es kam schnell heraus, dass er im Auftrag der Teamleitung gehandelt hatte. Bruno Roussel, der Sportliche Leiter, wurde verhaftet. Als er zugab, dass seine Fahrer unter medizinischer Aufsicht gedopt hätten, wurde die Festina-Mannschaft vom Rennen ausgeschlossen. Die Folgen für die Tour waren enorm, die Polizei führte bei diversen Teams Razzien durch – das niederländische Team TVM sowie das italienische Team Riso Scotti und alle spanischen Teams zogen ihre Teilnahme zurück, sodass beim Start nur noch 96 Fahrer anstatt 189 an den Start gingen. Die Fahrer protestierten gegen die Ermittlungen der Polizei und die Verhaftungen auf der 12. und der 17. Etappe mit Sitzstreiks, um sich gegen die Behandlung als Schwerkriminelle zu verwehren.

Von den besten zehn Fahrern im Ziel waren nachfolgend nur zwei nicht in Dopingskandale verwickelt. Der Sieger Marco Pantani, immerhin der Letzte, der den Giro und die Tour im gleichen Jahr gewinnen konnte, wurde im Nachhinein positiv auf EPO getestet und starb 2004 an einer Überdosis Kokain. Alle neun Fahrer vom Team Festina gaben schließlich die Einnahme von leistungssteigernden Substanzen zu.

Hatte der Radsport seine Lektion gelernt? Im Jahr darauf gewann Lance Armstrong zum ersten Mal, und Festina blieb der offizielle Zeitnehmer der Tour de France.

# FLAHUTE

**HERKUNFT UND ÜBERSETZUNG** ▸ Belgien; aus dem niederl. *flauwte* (Schwäche, Ohnmacht)

Der Flahute ist der härteste der harten Fahrer – je tougher das Rennen und die Wetterbedingungen, desto lieber mag er den Wettkampf. Als Begriff im Radsport scheint er auf französische Journalisten nach dem Zweiten Weltkrieg zurückzugehen, die auf die freundschaftlich gepflegte Rivalität zwischen dem Norden Frankreichs und Flandern anspielten. Er stammt aus dem Niederländischen von dem Begriff *flauwte* und wurde einst synonym für flandrische Arbeitssuchende gebraucht. Ursprünglich ein umgangssprachlicher Ausdruck für den Engelwurz, eine zierliche Blüte auf einem robusten Stängel, wurde daraus ein junger, draller Kerl, der ein wenig vergesslich oder »weich in der Birne« war. Über die Flahutes im Radsport hingegen wird gesagt, dass große Rundfahrten für sie lediglich Trainingsausfahrten seien.

**ANGEBERWISSEN** ▸ *»Mr Paris–Roubaix«* Roger De Vlaeminck, *der »König der Klassiker«* Rik Van Looy *und »Der Boss«* Rik Van Steenburgen *waren drei der größten Flahutes.*

# FLANDERN

Herz des belgischen Radsports mit seinen gut ausgeschilderten Radrouten, fahrradbesessener Kultur und unzähligen Eintagesklassikern. Im nördlichen Teil Belgiens leben und atmen die Flandern den Radsport, daher ist es kaum verwunderlich, dass einige der größten Fahrer aus diesem Gebiet stammen. Einmal jährlich findet die Flandern-Rundfahrt statt, ein Eintagesrennen, das mit »Helligen« (kurzen Anstiegen mit bis zu 20 Prozent Steigung) und »Kasseien« (Kopfsteinpflasterpassagen) aufwartet.

# FLANDERN-RUNDFAHRT

**AUSTRAGUNGSORT** ▸ Flandern (Belgien)
**SPITZNAME** ▸ Vlaanderens Mooiste (niederländisch für »Flanderns Schönste«)
**ART DES RENNENS** ▸ Eintagesklassiker
**TERRAIN** ▸ Kopfsteinpflaster und kurze, knackige Anstiege wie der Bosberg, Oude Kwaremont, Paterberg, Koppenberg und Muur van Geraardsbergen
**ZEITPUNKT** ▸ Frühling oder präziser immer am 14. Sonntag des Jahres
**MEHRFACHSIEGER** ▸ Achiel Buysse, Eric Leman, Johann Museeuw, Tom Boonen (alle Belgien), Fiorenzo Magni (Italien) und Fabian Cancellara (Schweiz) gewannen das Rennen je dreimal
**MEISTE LÄNDER-SIEGE** ▸ natürlich Belgien
**GRÖSSTE MOMENTE** ▸ der Italiener Fiorenzo Magni, der 75 Kilometer allein auf dem Weg zu seinem dritten Sieg im Jahr 1951 zurücklegt. Rudi Altig als erster deutscher Sieger 1964 (nur Steffen Wesemann konnte es ihm gleichtun). Tom Boonen, der 2012 das Kunststück schafft, die Flandern-Rundfahrt und Paris–Roubaix innerhalb von einer Woche zu gewinnen, sowie Fabian Cancellara, der es ihm ein Jahr später gleichtut.

Die *Ronde van Vlaanderen* ist die Erfindung der Zeitung *Sportwereld*, die die Kopfsteinpflasterstraßen aus der Not heraus einplante. Diese schier endlose und harte Plackerei Kilometer für Kilometer auf den Kasseien macht das Rennen so mörderisch. In den 20ern und 30ern wurde zudem die Küstenstraße von Blankenberge nach Ostende mit aufgenommen. Die starken Winde an der Küste sorgten dafür, dass sich das Feld an der Windkante aufstaffelte (siehe S. 41). Teilabschnitte sind auch heute noch Teil der Strecke. Aber berüchtigt ist das Rennen für seine Kopfsteinpflaster-Anstiege. Der Kwaremont musste in den Anfangstagen des Rennens als Erstes bezwungen werden, er gilt weithin als der einfachste der Anstiege – er ist länger und nicht so steil wie der kurze, heftige Paterberg im Anschluss. Aber als die Straßenoberfläche in den 60er-Jahren ausgebessert wurde und die alten Pflasterstraßen mit Asphalt überzogen wurden, konzentrierte sich die *Ronde* auf die Ardennen und entdeckte die *Hellingen* für sich, nunmehr das gegenwärtige Kennzeichen dieses Rennens. Hierzu zählt unter anderem der Koppenberg, der mit einem maximalen Gradienten von 22 Prozent aufwartet und alle außer den besten Kletterern dazu zwingt, vom Rad abzusteigen und das Kopfsteinpflaster hochzustaksen (selbst Eddy Merckx blieb davon nicht verschont und lief 1976 den Anstieg hinauf). An der Muur van Geraardsbergen am Ouderberg lancieren die späteren Sieger ihre entscheidenden Attacken. Sie ist so steil, dass sich meist nur Fußgänger schnaufend dort hinaufwagen auf dem Weg hoch zu einer Kapelle, die auf dem Ouderberg thront. Für die Einheimischen gilt daher auch unmissverständlich: »Die Mauer macht den Sieger.« Seit 2011 ist die Muur van Geraardsbergen nicht mehr Bestandteil der Flandern-Rundfahrt. Doch mit oder ohne diesen Anstieg bleibt *Vlaanderens Mooiste* ein Monument des Radsport, unabhängig davon, wie die Route aussehen mag.

**ANGEBERWISSEN** ▸ *Paris–Roubaix mag die Hölle sein, aber es hat keine Hellingen (Hellingen ist das niederländische Wort für Steigung, Hang).*

# FROOME, Christopher

**GEBOREN** ▸ 20. Mai 1985, Nairobi (Kenia)
**NATIONALITÄT** ▸ britisch
**AKTIVE ZEIT ALS PROFI** ▸ seit 2007
**FAHRERTYP** ▸ Allrounder, sehr stark am Berg sowie im Zeitfahren
**SPITZNAME** ▸ Froomedog, Froomey
**GRÖSSTE ERFOLGE** ▸ 3x Tour de France (2013, 2015, 2016), 3x Critérium du Dauphiné (2013, 2015, 2016), 2x Tour de Romandie (2013, 2014), Critérium International (2013)
**GRÖSSTE RIVALEN** ▸ Bradley Wiggins, Nairo Quintana, Alberto Contador

Chris Froome ist der erste Fahrer, der in Afrika geboren wurde und die Tour de France gewinnen konnte, obwohl er gegenwärtig mit einer britischen Rennlizenz fährt (sein Vater und seine Großeltern sind gebürtige Briten). Froome ist in der Lage, sowohl mit den Besten der Welt im Zeitfahren mitzuhalten als auch am Berg zu dominieren. Obwohl er mit 22 Profi wurde, nahm die Radsportwelt erstmals Notiz von dem großen, schlanken Fahrer, als er im Jahr 2011 bei der Vuelta den zweiten Platz belegte. Eine Asthma-Erkrankung sowie die Tropenkrankheit Bilharziose konnten ihn beim Aufstieg in die Weltspitze nicht bremsen. Außerdem betrachtet er David Kinjah, Kenias einzigen Profi-Radfahrer, als seinen Mentor, ohne den er es niemals so weit gebracht hätte.

Der Brite war einer der Hauptakteure in einer der schönsten britischen Seifenopern im Radsport. Die Rivalität mit seinem damaligen Teamkapitän Bradley Wiggins (siehe S. 149) ließ den bei der 11. Etappe der Tour 2012 auf dem Anstieg nach La Toussuire schier überkochen. Froome war der deutlich stärkere Fahrer von beiden, es sah so aus, als würde er seinen Chef – und Inhaber des Gelben Trikots – vier Kilometer vor dem Ziel attackieren. Später wurde der Zwischenfall als »Missverständnis« deklariert, doch mit der Zeit kam heraus, dass Wiggins damit gedroht hatte, aus dem Rennen auszusteigen, und es ablehnte, Froome seinen Anteil an einem Bonus von einer Million Pfund auszubezahlen. Froome bekam seinen Anteil an der Siegprämie für den Gesamtsieg von Wiggins – der Gewinner teilt die Börse traditionell mit der gesamten Mannschaft, die ihn beim Sieg unterstützt hat.

2013 schließlich ging Froome als unzweideutiger Team-Kapitän ins Rennen, nachdem Wiggins wegen einer Knieverletzung absagen musste. Froome war bei der Tour einfach unbesiegbar, er gewann drei Etappen inklusive der Bergankunft auf dem Mont Ventoux, als er einen außergewöhnlichen Angriff lancierte, bei dem er die Konkurrenz buchstäblich stehen ließ – nur der Kolumbianer Nairo Quintana (siehe S. 115) war in der Lage, wenigstens in der Nähe von Froomes Hinterrad zu bleiben. Als Froome als Gewinner der 100. Ausgabe der Tour de France über den Zielstrich auf den Champs-Élysées rollte, endete eine Reise, die mit einem Mountainbike auf den staubigen Straßen Afrikas begonnen hatte.

**ANGEBERWISSEN** ▸ *Froomes liebstes Hobby ist Speerfischen.*

VENTOUX

GIRO D'ITALIA

# G WIE ...

RENNEN

## GIRO D'ITALIA

**AUSTRAGUNGSORT** Italien
**ART DES RENNENS** dreiwöchige Rundfahrt, 21 Etappen mit zwei Pausentagen
**ZEITPUNKT** Mai bis Juni
**MEHRFACHSIEGER** Alfredo Binda, Fausto Coppi (beide Italien) und Eddy Merckx (Belgien) haben den Giro jeweils fünfmal gewonnen
**MEISTE LÄNDER-SIEGE** Italien
**GRÖSSTE MOMENTE** Fausto Coppi, als er den Giro 1949 dominiert, bevor er als Erster das Giro-Tour-Double holt; Andy Hampsten, als er 1988 am Gavia durch einen Schneesturm fährt und sich Rosa holt; Marco Pantani, der einen Defekt hat, anschließend 49 Fahrer überholt und sich den Sieg hoch nach Oropa sichert; Nairo Quintanas Sieg 2014 als erster Kolumbianer überhaupt, der eine der großen Rundfahrten gewinnen kann.
**TRIKOTS** Rosa Trikot *(maglia rosa)*: Gesamtführender; Rotes Trikot: bester Sprinter; Blaues Trikot: bester Bergfahrer; Weißes Trikot: bester Nachwuchsfahrer.

Die zweitälteste der großen Rundfahrten, der Giro d'Italia, wurde 1909 aus der Taufe gehoben. Wie die Tour wurde der Giro von einer Zeitung organisiert, der *Gazzetta dello Sport*, die den Giro nach dem Vorbild eines Autorennens gestaltete, veranstaltet vom Konkurrenzblatt *Corriere della Sera*. Wie bei der Tour hat das Trikot des Gesamtführenden die Farbe der Zeitung, in diesem Fall Rosa. Bis heute ein eher heimeligeres Rennen als die Tour, konnte kein Nicht-Italiener bis 1950 den Giro gewinnen! Noch heute wird es von Fahrern des Stiefels dominiert. Während die Straßen Frankreichs gesäumt sind mit Urlaubern, die die karnevalistische Atmosphäre genießen und dabei zusehen, wie die Werbekolonne vorbeizieht, sind die Straßen in Italien voll von Tifosi (siehe S. 132), den heißblütigen, passionierten und sachkundigen Fans, die oftmals mit dem Rad an die Strecke fahren, um ihre Idole zu sehen.

Die Geschichte des Giro wird dominiert von seinen großen Champions oder *campioni*, also den Helden, die dem Rennen mit ihrer Persönlichkeit und Autorität den Stempel aufgedrückt haben. Die

FORTSETZUNG SIEHE FOLGESEITE

Geschichte ist mit der von Coppi und Bartali, Magni und Binda eng verbunden, die das Rennen in den 20er- und 30er-Jahren fünfmal gewinnen konnten und den Rekord für die meisten Etappensiege beim Giro hielten – bis der italienische Sprinter Mario Cipollini 2003 eine neue Bestmarke setzte. Vielleicht lässt sich gut an Magni ermessen, wie wichtig das Rennen für die italienischen Fahrer ist. Magni brach sich auf einer höllischen Abfahrt beim Giro 1956 das Schlüsselbein, dennoch fuhr er weiter, indem er einen Fahrradschlauch zweimal um den Lenker wickelte, ihn mit den Zähnen festhielt und so weit die Kontrolle behielt, dass er immerhin noch Zweiter hinter dem Kletterer Charly Gaul wurde.

Es liegt in der Topografie des italienischen Stiefels begründet, dass das Rennen mit einer viel anspruchsvolleren Route und weit schwierigeren Anstiegen aufwartet als sein französisches Pendant. Die Berge sind steiler und verlangen den Fahrern mehr ab als alles, was die französischen Alpen oder die Pyrenäen zu bieten haben. Brutal, sadistisch, schrecklich – das sind die Bezeichnungen, die die großen Fahrer in der Geschichte des Sports für den Giro übrig hatten. Aber keiner konnte seinem Charme widerstehen, und für die *tifosi* bist du kein echter Champion, bevor du nicht auf den italienischen Straßen dein Können gezeigt hast.

**ANGEBERWISSEN ►** *»Das härteste Rennen am schönsten Ort der Welt.« (Slogan der Rennorganisation RSC zum Giro d'Italia)*

ANSTIEG

## GALIBIER

**HÖHE IM ZIEL ►** 2645 Meter
**HÖHENMETER ►** 1216 Meter
**DURCHSCHNITTLICHE STEIGUNG ►** 7 Prozent
**MAXIMALE STEIGUNG ►** 10 Prozent
**LÄNGE DES ANSTIEGS ►** 18 Kilometer
**GEOGRAFISCHE LAGE ►** Französische Alpen

Der Galibier ist zwar nicht der höchste Pass der Alpen, aber oftmals der höchste innerhalb der Tour, und als solcher erhält der erste Fahrer, der über den Gipfel fährt, den Sonderpreis »Souvenir Henri Desgrange«. An diesem Pass steht das Denkmal für den Tour-Gründer, und jedes Mal, wenn die Tour hier Station macht, wird ein Kranz niedergelegt.

Das erste fatale Unglück bei der Tour ereignete sich hier, als der 29 Jahre alte Francisco Cepeda 1935 in eine Schlucht stürzte und auf dem Weg ins Krankenhaus verstarb. Der Pass war auch das Sprungbrett für Fausto Coppi, als er 1952 auf dem Galibier angriff, ein Solo bis ins italienische Sestriere fuhr und dort einen famosen Sieg feierte. Marco Pantani sicherte sich seinen Tour-Sieg 1998 mit einem Angriff am Galibier; er zog durch bis ins Ziel in Les Deux Alps und zerstörte damit alle Hoffnungen von Jan Ullrich. Und schließlich hatte Andy Schleck, als er dort 2011 den Etappensieg holte, bereits einen Ausreißversuch mit einigen Kollegen von gut 60 Kilometern in den Beinen und davor den Izoard überquert, um auf dem »Giganten« – so Henri Desgrange – zu triumphieren.

ANSTIEG

# GAVIA

**HÖHE IM ZIEL** ▸ 2618 Meter
**HÖHENMETER** ▸ 1363 Meter
**DURCHSCHNITTLICHE** ▸ Steigung 7,9 Prozent
**MAXIMALE STEIGUNG** ▸ 16 Prozent
**LÄNGE DES ANSTIEGS** ▸ 17,3 Kilometer
**GEOGRAFISCHE LAGE** ▸ Italienische Alpen

Ein Mann steht über all den anderen Helden, die den furchteinflößenden Gaviapass überquert haben. Dieser Mann ist Andy Hampsten, und sein Ritt über den Gavia auf der 14. Etappe des Giro d'Italia 1988 ist Legende – sie nennen es »den Tag, an dem die harten Männer weinten«. Auf einem der härtesten Anstiege im modernen Radsport kletterte der Amerikaner die engen Serpentinen hoch zum Gavia, die endlosen Haarnadelkurven hinauf mit den unerbittlichen, ultrasteilen Rampen, durch einen Schneesturm, der über Nacht bereits für einen Meter Neuschnee auf dem Pass gesorgt hatte und nun mit dicken Schneeflocken die Fahrer bis auf die Haut durchnässte und auf die Knochen auskühlte. Hampstens Team hatte sich auf die Situation vorbereitet, indem sich die Fahrer mit Lanolin einschmierten, einem Mittel, dass die Kanalschwimmer verwenden, um sich dauerhaft vor der Kälte zu schützen; Hampsten trug zusätzlich schwere, sehr umständliche Neoprenhandschuhe. Die Gesichter der Fahrer und die Lenker waren mit kleinen Stalaktiten verziert, und die Temperatur auf dem 2618 Meter hohen Monster sank dramatisch. Hampsten hatte an einem der steilsten und engsten Abschnitte angegriffen, hielt das Tempo hoch und pflügte sich durch den Schneesturm, während der Rest des Pelotons hinter ihm einbrach. Auf der Abfahrt wurden die Bedingungen noch schlimmer, in ein schattiges Tal kam die Sonne selbst an warmen Tagen niemals hin, und die Fahrer froren, weshalb einige auf ihre Hände pinkelten, um wieder Gefühl in den Fingern zu bekommen. Andere kauerten sich in ihr Teamfahrzeug und tranken Tee mit Brandy. Die härtesten Männer standen am Straßenrand und weinten vor Schmerzen und Anstrengung, die sie aufbringen mussten. Hampsten gewann diese Etappe noch nicht einmal – der niederländische Fahrer Erik Breukink überholte ihn sechs Kilometer vor dem Ziel, ohne dass der Amerikaner noch einmal dagegenhalten konnte. Dennoch ging er ein in die Geschichte als der Fahrer, der an dem Tag das Rosa Trikot überstreifte, es nicht wieder hergab und bis heute der einzige Amerikaner ist, der je den Giro gewinnen konnte.

# GESAMTWERTUNG

Das *classement général* ist die Wertung, die über den Gesamtsieger einer Rundfahrt Aufschluss gibt. Sie setzt sich wie folgt zusammen: Alle Zeiten eines Fahrers von jeder Etappe werden addiert, der Fahrer mit der geringsten Zeit gewinnt. Natürlich gibt es ein paar Taschenspielertricks – bei Sprintankünften beispielsweise werden alle Fahrer, die vorn im Getümmel dabei sind, mit der gleichen Zeit gewertet. Auch warten manche Rennen mit Zeitbonifikationen mit bis zu zehn Sekunden auf, die dann dem Etappensieger gutgeschrieben werden. Diese können sehr wichtig werden – in der Gesamtwertung zählt jede Sekunde.

# GIMONDI, Felice

**GEBOREN** 29. September 1942, Sedrina (Bergamo)
**NATIONALITÄT** italienisch
**AKTIVE ZEIT ALS PROFI** 1965 bis 1978
**FAHRERTYP** Allrounder
**SPITZNAME** Phoenix
**GRÖSSTE ERFOLGE** Tour de France (1965), 3x Giro d'Italia (1967, 1969, 1976), Vuelta a España (1968), Straßenweltmeister (1973), Mailand–Sanremo (1974), Paris–Roubaix (1966), 2x Lombardei-Rundfahrt (1966, 1973)
**GRÖSSTER RIVALE** Eddy Merckx

Betrachtet man Felice Gimondis Karriere, gemessen an normalen Standards, könnte man zu dem Schluss kommen, dass sie wirklich fantastisch verlaufen ist: 158 Siege stehen zu Buche, er ist der einzige italienische Fahrer, der alle drei großen Rundfahrten gewinnen konnte, und der einzige Fahrer neben Merckx und Hinault, der die fünf größten Rennen, die der Radsport zu bieten hat, holte: Tour, Giro und Vuelta, Parix–Roubaix und die Straßenweltmeisterschaft. Aber wenn man sich vor Augen führt, dass er hauptsächlich zu Zeiten des »Kannibalen« Eddy Merckx gefahren ist, dann sind seine Leistungen mehr als nur fantastisch. Gimondi sagte einst über seinen Gegner: »Ich fühlte mich, als würde ich meinen Kopf ständig gegen eine Mauer stoßen.«

Gimondi war ein kompletter Fahrer, ein Champion, der sein ganzes Können bereits bei der ersten Tour-Teilnahme 1965 zeigte, als er einen denkwürdigen Sieg bei einem Zeitfahren auf der letzten Etappe von Paris nach Versailles einfuhr. Besonders ungewöhnlich, weil er eigentlich überhaupt nicht bei der Tour starten wollte – er ging davon aus, dass sie zu hart für ihn sei, und sein Sportlicher Leiter meinte, er sei mit 22 Jahren eigentlich noch zu jung. Doch Gimondi musste in letzter Minute für einen anderen Fahrer einspringen, und als er zum Rennen eingeladen wurde, antwortete er: »Warten Sie, ich muss erst meinen Vater fragen.« Sein *directeur sportif*, Luciano Pezzi, hatte Tränen in den Augen und bemerkte: »Als ich ihn sah, dachte ich wirklich, ich hätte Coppi vor mir.«

Gimondi betrat die Radsportbühne 1964 mit einem Sieg bei der Tour de l'Avenir (dt. »Das Rennen der Zukunft«). Er entwickelte sich zum besten Fahrer der Welt, der neue *campionissimo* der 60er-Jahre, bis Eddy Merckx auf der Bildfläche erschien. Dennoch gelang ihm eine vollendete Karriere mit Siegen bei den Grand Tours, komplettiert mit dem Gewinn des Giro im Alter von 34 Jahren: Als Außenseiter schlug er den »Kannibalen« auf der Etappe nach Bergamo – er hatte Merckx 1973 auch bei der Straßenweltmeisterschaft den Rang »abgefahren« –, siegte ebenfalls im Zeitfahren tags darauf, streifte sich Rosa über und holte sich seinen letzten großen Sieg. Aber trotz ihrer Rivalität entwickelte sich eine Freundschaft zwischen beiden, gekennzeichnet durch gegenseitigen Respekt. Für Merckx war Gimondi »der Inbegriff an Würde«, er bewunderte seine Höflichkeit und seine Charakterstärke.

Gimondi beendete seine Laufbahn an einem regnerischen Tag 1978 beim Giro dell'Emilia, zusammen mit seinem alten Freund Franco Bitossi. Ohne große Motivation, Gimondi am Ende einer großen Karriere, schauten sich die beiden an und entschieden: »Wir haben keine Lust mehr, wieder pitschnass zu werden. Wir steigen hier aus.«

# GIRO DI LOMBARDIA (IL LOMBARDIA/LOMBARDEI-RUNDFAHRT)

**AUSTRAGUNGSORT** ▸ Italien, Lombardei

**ART DES RENNENS** ▸ Eintagesklassiker

**ZEITPUNKT** ▸ Herbst

**SPITZNAME** ▸ Das Rennen der fallenden Blätter

**TERRAIN** ▸ Wellig, mit mittelschweren Bergen

**MEHRFACHSIEGER** ▸ Fausto Coppi

**MEISTE LÄNDER-SIEGE** ▸ Italien

**GRÖSSTE MOMENTE** ▸ Fiorenzo Magni verfolgte Fausto Coppi beinahe 60 Kilometer, weil Coppis Geliebte ihn

FORTSETZUNG SIEHE FOLGESEITE ▸

höhnisch ausgelacht hatte, und schnappte ihn sich an der Stadtgrenze Mailands – doch keiner der beiden konnte das Rennen gewinnen, der Franzose André Darrigade siegte im Sprint; Herman Van Springel schlug 1968 im Alleingang Jan Janssen, der ihn bei der Tour de France um 38 Sekunden hinter sich gelassen hatte; Paolo Bettini gewann im Regenbogentrikot 2006 ebenfalls nach einem Soloritt und fuhr tränenüberströmt durchs Ziel – nur einige Tage zuvor war sein Bruder bei einem Autounfall ums Leben gekommen.

Obwohl die Lombardei-Rundfahrt seit 1905 ausgetragen wird – damals hieß sie noch Mailand–Mailand –, dauerte es bis 1961, um sie durch einen einzigen Geniestreich in ein modernes Rennen zu verwandeln. Anstatt das Rennen wieder auf einer langen, flachen Strecke zurück nach Mailand zu führen, entschieden die Veranstalter sich für Como als Zielort, am Ufer des wunderschönen Sees, mit der Ziellinie nur sechs Kilometer hinter dem letzten Anstieg. Als letzter Klassiker der Saison ist das Rennen eines der schönsten, sein Weg führt durch die Alleen der goldenen lombardischen Pappeln rund um den majestätischen Comer See.

Die Lombardei-Rundfahrt zeichnet sich durch eine Serie kurzer, knackiger Anstiege aus, wobei der berühmteste vom Ufer des Sees hoch zur Kapelle der Madonna del Ghisallo führt, einer Wallfahrtskirche, seit 1949 Schutzpatronin der Rennradfahrer. Hier befindet sich das einzige Radsportmuseum, das von einem Papst gesegnet wurde. Jedes Jahr, wenn das Rennen dort Station macht, werden die Glocken geläutet, um die Fahrer zu begrüßen.

# GRADIENT

Der einfachste Weg, die Steigung eines Berges zu berechnen, ist, die Höhe des Gipfels durch die Länge der Wegstrecke zu teilen und mit 100 zu multiplizieren:

GRADIENT (Steigung in Prozent)
= Höhe ÷ Strecke × 100

Die meisten von uns bevorzugen es, auf einer Steigung von null Prozent zu fahren, also auf einer schönen flachen Strecke. Bis drei Prozent muss man schon etwas mehr arbeiten – es ähnelt starkem Gegenwind. Vier bis sechs Prozent spürt man schon deutlich in den Beinen, besonders, wenn der Anstieg länger dauert. Mit sieben bis neun Prozent erreichen Sie die Steigungsgrade, die professionelle Radsportler auf einer lumpigen Etappe schon mal verkraften müssen, normale Radfahrer aber auf den Knien zurücklässt. Mit 10 bis 15 Prozent erreichen Sie endlich die *hors catégorie* (siehe S. 64) und können hoffentlich mit den Fahrern im Autobus (siehe S. 13) mithalten. Bei allem, was darüber hinausgeht – außer Sie sind ein sehr, sehr guter Radprofi –, werden Sie wahrscheinlich absteigen und gehen müssen. Kraft, Kondition und der richtige Gang sind die Schlüsselfaktoren, um selbst geringste Steigungsgrade zu bewältigen.

# GRAND TOUR

Die drei großen Rundfahrten sind die Tour de France (seit 1903), der Giro d'Italia (1909) und die Vuelta a España (1935). Sie gehören zu den einzigen Rennen, die länger als 14 Tage dauern dürfen, und folgen einem strikten Reglement, das von der UCI (siehe S. 135) vorgegeben wird. Fahrer müssen beispielsweise nicht mehr in die Nacht fahren bei der Aufgabe, Marathon-Etappen von mehr als 300 Kilometern zu bezwingen – die maximale Länge pro

FORTSETZUNG SIEHE FOLGESEITE ►

Etappe beträgt nunmehr 240 Kilometer, die maximale Durchschnittslänge aller Etappen zusammen darf 180 Kilometer nicht überschreiten. Die Grenze beim Zeitfahren liegt bei 60 Kilometer. Insgesamt darf die Gesamtstrecke nicht länger als 3500 Kilometer sein, und den Fahrern sind mindestens zwei Ruhetage zu gewähren.

Der Spanier Marino Lejarreta ist der einzige Fahrer, der bis heute viermal alle drei großen Rundfahrten in einer Saison absolviert hat (1987, 1989, 1990 und 1991), aber der Fahrer, der nacheinander die meisten Grand Tours fuhr, ist der Australier Adam Hansen (zehn mit der Vuelta 2014). Nur fünf Fahrern ist es gelungen, sie allesamt zu gewinnen – Eddy Merckx (natürlich), Bernard Hinault, Jacques Anquetil (ihm gelang es als Erstem), Felice Gimondi und Alberto Contador. Keinem Fahrer ist es bisher vergönnt gewesen, alle drei Grand Tours in einem Jahr zu gewinnen, lediglich Raphaël Géminiani (1955) und Gastone Nencini (1957) erreichten Top-Ten-Platzierungen im gleichen Jahr bei allen drei Rennen.

Die Tour de France ist die Mutter alle großen Rundfahrten und zieht nach wie vor die besten Fahrer der Welt an – es ist das wohl bekannteste Rennen weltweit und das größte jährliche Sportevent der Welt, das große mediale Aufmerksamkeit auf sich zieht. Obwohl es manchmal scheint, sie werde Opfer ihres eigenen Erfolgs, bietet sie eine reiche und lange Geschichte an Mythen und Legenden (großartige Husarenritte und dunkle Schelmenstücke inklusive), doch es bleibt das Rennen, von dessen Sieg jeder Fahrer einmal träumt. Der Giro wird generell als das härtere Rennen angesehen, oftmals wechselt das Wetter dort extrem (von brennender Sonne bis hin zu Schneefall), doch konnte die Veranstaltung noch bis vor Kurzem, als Regeländerungen den Einstieg ausländischer Teams ermöglichten, eher als rein italienische Angelegenheit betrachtet werden. Die Vuelta, der jüngste Spross, umgab allzeit so etwas wie eine Identitätskrise, dauernd wurden die Trikot-Wertungen modifiziert, und der Start im Kalenderjahr variierte – sie wurde vom Frühling (meist spät im April) als erste Grand Tour des Jahres auf den September geschoben, sodass die Vuelta oftmals als Vorbereitung auf die Weltmeisterschaften gefahren wird.

**ANGEBERWISSEN ►** *Die Tour de France wurde zuerst von einem Franzosen gewonnen, Maurice Garin, der Giro d'Italia zuerst von dem Italiener Luigi Ganna, aber der erste Gesamtsieger der Vuelta a España hieß Gustaaf Deloor – ein Belgier.*

# GREGARIO

**HERKUNFT UND BEDEUTUNG ►** Italien; Wasserträger

Gregario ist das italienische Äquivalent zu Domestik – also die Fahrer ohne eigene Ambition, die die Arbeit für den Mannschaftskapitän machen. Es stammt vom Lateinischen *grex*, was Herde bedeutet, und eines der größten Herdentiere war der italienische Gregari Andrea Carrea, der Fausto Coppi zur Seite stand. 1952 kam er auf der neunten Etappe in eine Ausreißergruppe, die Glück hatte und es bis ins Ziel schaffte, wo man Carrea mitteilte, dass er die Gesamtführung übernommen hatte. Bestürzt bracht er in Tränen aus und musste zur Siegerehrung aufs Podium gezerrt werden, so unangenehm war es ihm, seinem Boss Coppi die Schau zu stehlen. »Als ich hörte, dass ich das Trikot bekommen sollte, das Champions vorbehalten war, fühlte ich mich schrecklich«, sagte er später. Aber zum Glück für den Mann, der einmal sagte: »Wir gaben alles, sogar unsere Seele, aber es war immer noch nicht genug«, gewann Coppi die Etappe hoch nach Alpe d'Huez am Folgetag, schlüpfte in Gelb und behielt es bis Paris. Vielleicht hat es Bartalis *gregario* Giovannini Corrieri am besten auf den Punkt gebracht: »Ich war immer ein *gregario*, ein Esel, ein Pferd, das vor einen Karren gespannt war.«

# H WIE ...

FAHRER

## HINAULT, Bernard

**GEBOREN** 14. November 1954, Yffiniac (Bretagne)
**NATIONALITÄT** französisch
**AKTIVE ZEIT ALS PROFI** 1975 bis 1986
**FAHRERTYP** Allrounder, besonders stark im Zeitfahren sowie sehr aggressiv in den Bergen
**SPITZNAME** Dachs
**GRÖSSTE ERFOLGE** 5x Tour de France (1978, 1979, 1981, 1982, 1985), 3x Giro d'Italia (1980, 1982, 1985), 2x Vuelta a España (1978, 1983), 2x Lüttich–Bastogne–Lüttich (1977, 1980), 2x Lombardei-Rundfahrt (1979, 1984), Paris–Roubaix (1981), Weltmeister (1980)
**GRÖSSTE RIVALEN** Joop Zoetemelk, Laurent Fignon, Greg LeMond

Bernard Hinault gehört zu den großen bretonischen Fahrern – wie der erste Doppelsieger der Tour, Lucien Petit-Breton, und der erfolgreiche Klassikerfahrer und erste, der die Tour dreimal in Folge gewinnen konnte, Louison Bobet. Hinault hat den französischen Radsport dominiert. Er musste nur Eddy Merckx den Vortritt lassen, zumindest was die Ausbeute an Siegen angeht sowie die Zielstrebigkeit, mit der er jedes Rennen gewinnen wollte, bei dem er gestartet ist. Profi mit 19 Jahren, siegte er 1974, im letzten Jahr, in dem Merckx den Radsport noch dominieren konnte, gleich im ersten Versuch bei der Tour (im Trikot des französischen Meisters und mit dem Sieg bei der Vuelta im Rücken). Er konnte die Rundfahrt weitere viermal für sich in seiner relativ kurzen Karriere entscheiden. Insgesamt achtmal startete er bei der Tour und finishte niemals schlechter als auf dem zweiten Platz – der beste Wert im Klub der Fünffachsieger. Sein Sportlicher Leiter Cyrille Guimard sagte, dass er der talentierteste Fahrer gewesen sei, den er je gesehen habe, inklusive Eddy Merckx. Er hätte sogar noch größere Spitzenleistungen als der Belgier vollbringen können, wenn er nicht von einer Knieverletzung heimgesucht worden wäre, die ihn bei der Tour 1980 zur Aufgabe zwang, als er bereits in Gelb fuhr.

Hinaults Motto lautete: Solange ich atme, greife ich an, und vier Rennen spiegeln seine Karriere sehr gut wider. 1980 attackierte er 80 Kilometer vor dem Ziel bei Lüttich–Bastogne–Lüttich und hatte trotz Schneesturm

FORTSETZUNG SIEHE FOLGESEITE

HINAULT
LE
BLAIREAU

zehn Minuten Vorsprung im Ziel auf den nächsten Verfolger. Der Klassiker Paris–Roubaix von 1981, den er »Scheißdreck« nannte und ihn dennoch gewinnen wollte – und im Trikot des Weltmeisters tatsächlich auch gewann. Die Weltmeisterschaften ein Jahr zuvor, 1980, bei der er die Konkurrenz förmlich verschlang und sich den Sieg bei einem Rennen holte, bei dem nur elf Fahrer überhaupt ins Ziel kamen, und natürlich die Tour de France von 1986.

Dieses Rennen war Greg LeMond versprochen worden, der Hinault im Jahr zuvor geholfen hatte, seinen fünften Tour-Sieg trotz Verletzung einzufahren. Aber anstatt brav im Peloton mitzurollen, attackierte der Bretone permanent. »Ich fahre Rennen, um zu gewinnen, nicht um Leuten zu gefallen« war ein weiteres Mantra von ihm, obwohl er behauptete, dass er so gefahren sei, damit seinem Teamkollegen die Befriedigung zuteil wurde, sich den Sieg wirklich verdient zu haben. Es war eine Tour, die begeisterte, und Hinault weinte, als er zum letzten Mal das Gelbe Trikot abgeben musste. Die Etappe hoch nach Alpe d'Huez gehört zu den legendären bei der Tour, als beide die 21 Haarnadelkurven Seite an Seite erklommen. Niemals wieder sollte Hinault bei der Frankreichrundfahrt starten, er beendete noch im selben Jahr mit 32 seine Karriere. Er bleibt der einzige Fahrer, der alle großen Rundfahrten zweimal gewinnen konnte.

Heutzutage gehört Hinault der Entourage bei der Tour de France an und ist bei jeder Siegerehrung auf dem Podium als Gratulant zugegen. Immer ein extrem ehrgeiziger und wettkampfbesessener Fahrer, war der Bretone nie darum verlegen, auch mal seinen Körper einzusetzen – einem Demonstranten, der die Straße blockierte, verpasste er 1984 bei Paris–Nizza einen Faustschlag. Er hat diese Eigenschaften nach seiner aktiven Laufbahn genauso eingesetzt, berühmteste Beispiel ist wohl eine Siegerehrung bei der Tour 2008, als er einen Störer, der das Podium erklommen hatte, einfach wieder herunterschubste.

Neben dem Radsport ist Hinault ein Gutsbesitzer, der in der heimischen Bretagne Milchkühe züchtet.

**ANGEBERWISSEN ▸** *1980 erlitt Hinault so schwere Erfrierungen bei Lüttich–Bastogne–Lüttich, dass zwei Finger bis zum heutigen Tage taub geblieben sind.*

# HORS DÉLAI (KARENZZEIT)

**HERKUNFT UND BEDEUTUNG ▸** Frankreich; nicht fristgerecht, nach Fristablauf

Sobald der Sieger einer Etappe die Ziellinie überfahren hat, tickt die Uhr unbarmherzig. Die *Commissaires* berechnen dann umgehend *le délai*, also die Zeit, die die restlichen Fahrer maximal noch zur Verfügung haben, um ins Ziel zu kommen und im Rennen zu bleiben. Die zusätzliche Zeit wird prozentual von der Siegerzeit berechnet, sie kann zwischen 3 und 22 Prozent – je nach Art der Etappe und der Durchschnittsgeschwindigkeit – variieren. Fallen mehr als 20 Prozent der Fahrer aus der Karenzzeit, wird sie erneut geprüft. Paul Sherwen erhielt bei der 10. Etappe der Tour de France 1985 eine zweite Chance, als er zu spät im Ziel eintrudelte. Am Start Opfer eines Unfalls, musste er eine schwere Etappe mit sechs Bergwertungen über 160 Kilometer fahren, allein.

# HORS CATÉGORIE

**HERKUNFT UND BEDEUTUNG** ► Frankreich; höchste/außerordentliche Kategorie

Die oftmals auch Ehrenkategorie genannte Wertung ist ein Gradmesser für die Schwierigkeit der Pässe bzw. Anstiege, die beispielsweise bei der Tour gefahren werden müssen. Die *hors catégorie* steht über allem, sie wird vergeben, wenn entweder 1500 Höhenmeter oder aber 1000 Höhenmeter mit einer Steigung von mehr als 6,5 Prozent erklommen werden müssen. Es gibt aber Ausnahmen. Die Anstiege sind in der Regel wie folgt kategorisiert:

- 4. Kategorie: 100–300 Höhenmeter
- 3. Kategorie: 300–600 Höhenmeter
- 2. Kategorie: 600–1100 Höhenmeter
- 1. Kategorie: 1100–1500 Höhenmeter
- *Hors catégorie*: mehr als 1500 Höhenmeter/1000 Höhenmeter mit einer Steigung von mehr als 6,5 Prozent

Die Kategorie-Einteilung kann aber noch aus anderen Gründen variieren, zum Beispiel weil der Anstieg erst spät im Rennen ansteht oder die Veranstalter die Fahrer ermutigen wollen anzugreifen. Es gilt: Je höher die Kategorie, desto mehr Punkte werden in der Bergwertung vergeben, wobei die doppelte Punktzahl bei Bergankünften ab der 2. Kategorie aufwärts vergeben wird. Die Ehrenkategorie ist die härteste der harten Kategorien, sie steht eigentlich über jeder Kategorisierung und macht ihren Mythos und Nimbus aus.

**ANGEBERWISSEN** ► *Es wird kolportiert, dass die ursprüngliche Klassifizierung dazu dienen sollte, anzuzeigen, in welchem Gang man mit dem Auto den Berg hinauffahren kann – an den Anstiegen der* hors catégorie *müsse jedes Auto scheitern.*

FAHRER

# HOY, Chris

**GEBOREN** ► 23. März 1976, Edinburgh
**NATIONALITÄT** ► schottisch
**AKTIVE ZEIT ALS PROFI** ► 1992 bis 2013
**GRÖSSTE ERFOLGE** ► 6x olympisches Gold (2004, 2008, 2012), 11x Weltmeister (diverse Team-Sprints, Sprint, Zeitfahren und Keirin: 2002, 2004–2008, 2010, 2012), 2x Gold bei den Commonwealth-Spielen (2002, 2006)

Sir Christopher Andrew »Chris« Hoy ist der erfolgreichste Bahnradfahrer bei den Olympischen Spielen aller Zeiten. Er ist Schottlands erfolgreichster Olympionike und der britische Athlet, der die meisten Goldmedaillen gewinnen konnte, insgesamt sechs bei drei verschiedenen Ausgaben. Hoy ist ein Multitalent, er hat neben dem Radsport auch Wettkämpfe im Rugby sowie Rudern ausgetragen und Angewandte Sportwissenschaften studiert. Er war ursprünglich ein kraftvoller Sprinter, spezialisiert auf das 1-Kilometer-Zeitfahren (nach 2008 nicht mehr olympisch) sowie den Teamsprint, aber er arbeitete an seinen taktischen Fähigkeiten und konnte auch bei der Verfolgung und im Keirin Erfolge sammeln, mehrere Goldmedaillen belegen dies. Hoy ist mehrfacher Weltmeister und gegenwärtiger Weltrekordhalter über 500 Meter im fliegenden Start – aufgestellt in der Höhe 2007 in La Paz, Bolivien. Fliegender Start bedeutet, dass die Fahrer eine Runde Zeit haben, um genug Schwung zu holen; erst dann läuft die Uhr. Bei den Spielen 2008 in Peking wurde er der erste Dreifach-Olympiasieger nach 100 Jahren, wofür er mit dem Ritterschlag geehrt wurde. Seine Mutter, eine Krankenschwester, wurde bei derselben Zeremonie mit dem Orden des Britischen Empires ausgezeichnet. 2013 beendete er seine Laufbahn und gab bekannt, fortan bei den britischen GT-Meisterschaften antreten zu wollen, um 2016 beim 24-Stunden-Rennen von Le Mans zu starten (er wurde 12. in der Klasse LMP2). Hoy ist ein absoluter Wettkampftyp. »Egal, ob ich Rennen mit dem Rad oder dem Auto fahre oder nur Monopoly spiele – ich versuche immer zu gewinnen«, so der Schotte über sich selbst.

**ANGEBERWISSEN ▸** *Nachdem er im Alter von sechs Jahren* E. T. *(!) gesehen hatte, wollte Chris Hoy Radprofi werden.*

# I WIE ...

## INDURAIN, Miguel

**GEBOREN** ▸ 16. Juli 1964, Villava (Navarra)
**NATIONALITÄT** ▸ spanisch
**AKTIVE ZEIT ALS PROFI** ▸ 1984 bis 1996
**FAHRERTYP** ▸ Allrounder, absoluter Dominator der Zeitfahren und in der Lage, das Rennen in den Bergen zu kontrollieren
**SPITZNAME** ▸ Big Mig, le roi Miguel, Miguelon
**GRÖSSTE ERFOLGE** ▸ 5x Tour de France (1991–1995), 2x Giro d'Italia (1992, 1993), Olympiasieger im Zeitfahren (1996), Zeitfahrweltmeister (1995), Stundenweltrekord (1994)
**GRÖSSTE RIVALEN** ▸ Tony Rominger, Alex Zülle

Der sanfte Gigant aus Navarra war der fünfte Fahrer der Geschichte der Tour de France, der die Rundfahrt fünfmal gewinnen konnte – allerdings der erste, dem es ohne Unterbrechung zwischen 1991 und 1995 gelang. Indurain galt als eine Art physiologische Laune der Natur – mit einem Ruhepuls von 28 Schlägen in der Minute und einer Lungenkapazität von acht Litern (der Durchschnitt liegt bei sechs Litern). Der große Spanier (1,88 Meter in Cleats) war besonders für die Herausforderungen der Tour geeignet.

Dieser demütige Champion mit seinem schiefen Grinsen, üppigen Augenbrauen und unaufgeregtem Stil diktierte das Rennen, er dominierte die Zeitfahren und bürdete seinen Rivalen Minuten auf, sodass er in den Bergen das Rennen nur noch kontrollieren musste – obwohl er durchaus in der Lage war, mit den besten Kletterern mitzuhalten. Bevor seine Regentschaft bei der Tour begann, hatte er bereits zwei Pyrenäen-Etappen gewonnen. Ihm wurde oft vorgeworfen, es mangele ihm an Angrifflust, er sei nicht forsch genug – doch Indurain war einfach unfassbar effizient auf dem Rad und gewann immerhin nacheinander Tour sowie Giro 1992 und 1993. Nichts liebte die

# INNOVATION

Von den frühesten Knochenschüttlern zu den gegenwärtigen superleichten Schönheiten aus Carbon unterlagen das Design, die Komponenten, das Material und die Fertigungsprozesse einer ständigen Weiterentwicklung. Obwohl die Diamantform und die beiden gleich großen Räder sich seit der Erfindung des »Rover« in Coventry 1885 bis heute kaum verändert haben, würde der Erfinder, John Kemp Starley, sicherlich große Augen machen angesichts der Fülle an Innovationen. Materialien aus der Raumfahrt wie Titanium und Carbon haben die Räder steifer und leichter gemacht, während dezentere Verbesserungen wie elektronische Schaltung, asymmetrische Kettenblätter und Scheibenbremsen das Handling wesentlich verbessert haben. Spezielle Designs ermöglichen es heute, Fahrräder genau für ihren Bestimmungszweck zu konzipieren – denken Sie nur an das Mountainbike. Aber die größten Innovationen gab es im Profi-Bereich, die sich dann natürlich auch für den gewöhnlichen Rennradfahrer bezahlt machten: der Ur-Schnellspanner für eine schnelle Radmontage (Campagnolo führte ihn 1927 ein), Klickpedale (Hinault benutzte sie erstmals auf seinem Weg zum Tour-Sieg 1985), Wattmesser (SRM entwickelte 1989 die ersten kommerziellen Wattmesser, worauf Greg LeMond sehr schnell aufmerksam wurde) sowie Triathlon-Lenker (zwar war LeMond nicht der Erste, der sie bei seinem Zeitfahrsieg bei der Tour 1989 verwendete, aber dadurch wurden sie populär). Moderne Entwicklungen wie LEDs – heller, kleiner und mit längerer Lebensdauer als herkömmliche Lampen – sowie Lycra – ein leichtes und komfortables Material für Radsportkleidung, das den Aufstieg des MAMILs (mittelalter Mann in Lycra) zur Folge hatte – haben das Radfahren sicherer und angenehmer für alle gemacht.

»Sphinx von Pamplona« mehr, als auf den heimatlichen Familienbauernhof zurückzukehren und auf dem Feld zu arbeiten.

Als Indurains Seriensiege bei der Tour 1996 von Bjarne Riis gestoppt wurden, beendete er seine Karriere am Ende der Saison, obwohl er einer wissenschaftlichen Studie von 2012 zufolge, bei der Indurain einigen Fitness-Tests unterzogen wurde, immer noch eine ordentliche Leistung beim Zeitfahren bringen würde, wenn er nur wollte. 2003 sagte Indurain: »Auch wenn ich die Tour wie von Zauberhand gefahren bin, am meisten interessierte mich der Prolog, es ist der emotionalste Augenblick, die ganze Anspannung der Arbeit des letzten Jahres entlädt sich in diesem Moment wie ein Pistolenschuss.«

**ANGEBERWISSEN** ► *Beim ersten Zeitfahren der Tour de France 1993 gab es ein »Indurain-Sandwich«: Miguel gewann die Etappe, während sein Bruder Prudencio abgeschlagen Letzter wurde.*

# INTERMEDIATE SPRINT (ZWISCHENSPRINT)

Bezeichnet einen Sprint während einer Etappe, für den es Extrapunkte für das Klassement des besten Sprinters gibt. Bei der Tour wurde sogar mal ein Rotes Trikot nur für die meisten Punkte bei den Zwischensprints vergeben (1971–1989). Heutzutage hat die Tour einen Supersprint pro Etappe, bei dem 20 Punkte vergeben

FORTSETZUNG SIEHE FOLGESEITE ►

werden, eine Zwischensprint-Wertung beim Giro d'Italia wurde auch »Intergiro« genannt, doch nun fließen alle Punkte in das Klassement für das Rote Trikot ein. Bei den Zwischensprints im Giro werden auch Zeitbonifikationen gutgeschrieben, deshalb kämpfen gelegentlich auch Fahrer für die Gesamtwertung mit; ganz ähnlich wird bei der Vuelta verfahren. Da die Anzahl an Gipfelankünften dort viel höher ist, tragen nicht selten Kletterspezialisten das Grüne Trikot des Punktbesten.

ANSTIEG

# IZOARD

**HÖHE IM ZIEL** ▸ 2360 Meter
**HÖHENMETER** ▸ 1438 Meter
**DURCHSCHNITTLICHE STEIGUNG** ▸ 4,5 Prozent
**MAXIMALE STEIGUNG** ▸ 8 Prozent
**LÄNGE DES ANSTIEGS** ▸ 31,7 Kilometer
**GEOGRAFISCHE LAGE** ▸ Französische Alpen

Der Col d'Izoard gleicht einer Mondlandschaft. Während sich die Kehren von Alpe d'Huez bei der Tour durch einen recht gewöhnlichen Gebirgszug schlängeln und der Mont Ventoux Fahrer und Zuschauer mit seinem grellen Kalkstein blendet, sieht die *casse déserte* – in etwa »kaputte Wüste« – wie die Kulisse eines Science-Fiction-Filmes aus – buchstäblich nichts wächst in der Verwitterungslandschaft. Schutt und Geröll werden nur unterbrochen von Felsnadeln, den *cargneules*, die den Wechsel des Lichts reflektieren und ihre unheimlichen Schatten werfen, wenn der Abend kommt.

Die Liste der Gewinner an diesem beängstigenden Anstieg – einem der höchsten Pässe in den Alpen – liest sich wie das Who's who der Tour de France, und an zwei ihrer größten Kombattanten, Fausto Coppi und Louison Bobet, wird entlang der unheimlichen Steinwüste mit Gedenktafeln erinnert. Die beiden Namen standen fast synonym für diesen Berg, nachdem entweder Coppi oder Bobet sich zwischen 1949 und 1954 dort in die Siegerliste eintragen konnten. Es war Bobet – der erste Mann, der die Tour dreimal (1953–1955) hintereinander gewinnen konnte –, der sagte, dass man sich das Renommé auf dem Izoard erkämpfen und ein wahrer Tour-de-France-Champion das Rennen und die felsige, glühende Wildnis von vorn angehen müsse, im Gelben Trikot. Bobet gelang es dreimal, der bemerkenswerteste Sieg war die 18. Etappe bei der Tour 1953, als er fünf Minuten vor seinen Gegnern ins Ziel kam, unter den Augen von *il campionissimo* höchstselbst, Fausto Coppi.

Auf dem Gipfel gibt es ein kleines Radmuseum, der Pass ist im Winter nicht befahrbar. Im Jahr 2011 zeigte Andy Schleck eine der großen Leistungen im modernen Sport, als er 60 Kilometer allein fuhr – über den Izoard, gefolgt von dem mächtigen Gipfel des Galibier; es war die höchste Zielankunft bei der Tour de France. Eddy Merckx feuerte Schleck aus einem Teamfahrzeug an, ermutigte ihn und sagte anschließend: »Er hat wirklich Mumm gehabt, allen eine Lehrstunde in Sachen Radsport erteilt.« Ein großes Lob – von einem der Größten seiner Zunft.

**ANGEBERWISSEN** ▸ *»Bei der Erwähnung des Izoard mögen einem sofort Coppi und Bobet einfallen, doch es war der Belgier Philippe Thys, der den Izoard als Erster bezwang, als die Tour 1922 dort das erste Mal Station machte.«*

# J WIE …

## JERSEY (TRIKOT)

Ein Radsport-Trikot ist ein Preis – das Gelbe, Rosa oder Braune Trikot für den Führenden der Gesamtwertung bei den drei Grand Tours. Daneben existieren noch diverse weitere, das Grüne oder das Weiße, das Rote oder das Blaue oder die Ikone aller Kletterziegen: das Gepunktete Trikot für den besten Bergfahrer. Aber ein Radsport-Trikot ist gleichzeitig immer auch eine vielfarbige Litfaßsäule, gespickt mit allen erdenklichen Sponsoren, sodass der Eindruck entsteht, das Peloton ist ein lebendes Kaleidoskop aus ständig variierenden Farben.

Einige der größten Trikots waren meist auch die simpelsten – Peugeots Schachbrettmuster, das ockerfarbene Molteni mit schwarzer Banderole, das Blau von Alcyon und das Türkis von Bianci oder das schlichte Rot von Saeco. Andere wiederum wurden von moderner Kunst inspiriert, wie das Trikot von La Vie Claire mit seinem Vorbild Mondrian oder die Pop-Art-Version eines Trikots von Brooklyn in Blau mit roten und weißen Streifen.

Die ersten Fahrradtrikots wurden aus Wolle hergestellt. Es folgte Seide, der Stoff war leichter sowie stylischer und sorgte für mehr Kühlung; die ersten dieser Trikots wurden in Italien getragen. 1941 erfanden die britischen Chemiker Dickson und Whinfield einen Stoff namens Polyester, der Feuchtigkeit sehr gut aufnimmt wie Wolle, aber dennoch leicht und kühlend ist wie Seide. Ganz zu schweigen von der Tatsache, dass es mit jedweder Farbkombination bedruckt werden kann, wie bei dem kultigen Mapei-Trikot bis hin zum hyperkinetischen Lampre-Jersey in Rosa, Blau und Limette.

Die bekanntesten Trikots sind das *maillot jaune*, das Gelbe Trikot bei der Tour de France, das Rosa Trikot beim Giro d'Italia sowie das Regenbogentrikot des Weltmeisters.

**SCHON GEWUSST?** ▸ Eddy Merckx ist der einzige Fahrer, der alle drei Trikots – Bester in der Gesamt-, Sprint- und Bergwertung – beim Giro d'Italia 1968 und bei der Tour de France 1969 getragen hat. Zwei Fahrer haben diese herausragende Leistung bei der Vuelta wiederholen können: Tony Rominger 1993 und Laurent Jalabert 1995.

**ANGEBERWISSEN** ▸ *Beim Giro d'Italia war es von 1946 bis 1951 üblich, den letzten Fahrer mit dem* maglia nera, *also dem Schwarzen Trikot »auszuzeichnen«, gut 60 Jahre bevor Rapha mit schwarzen Trikots einen Trend schuf.*

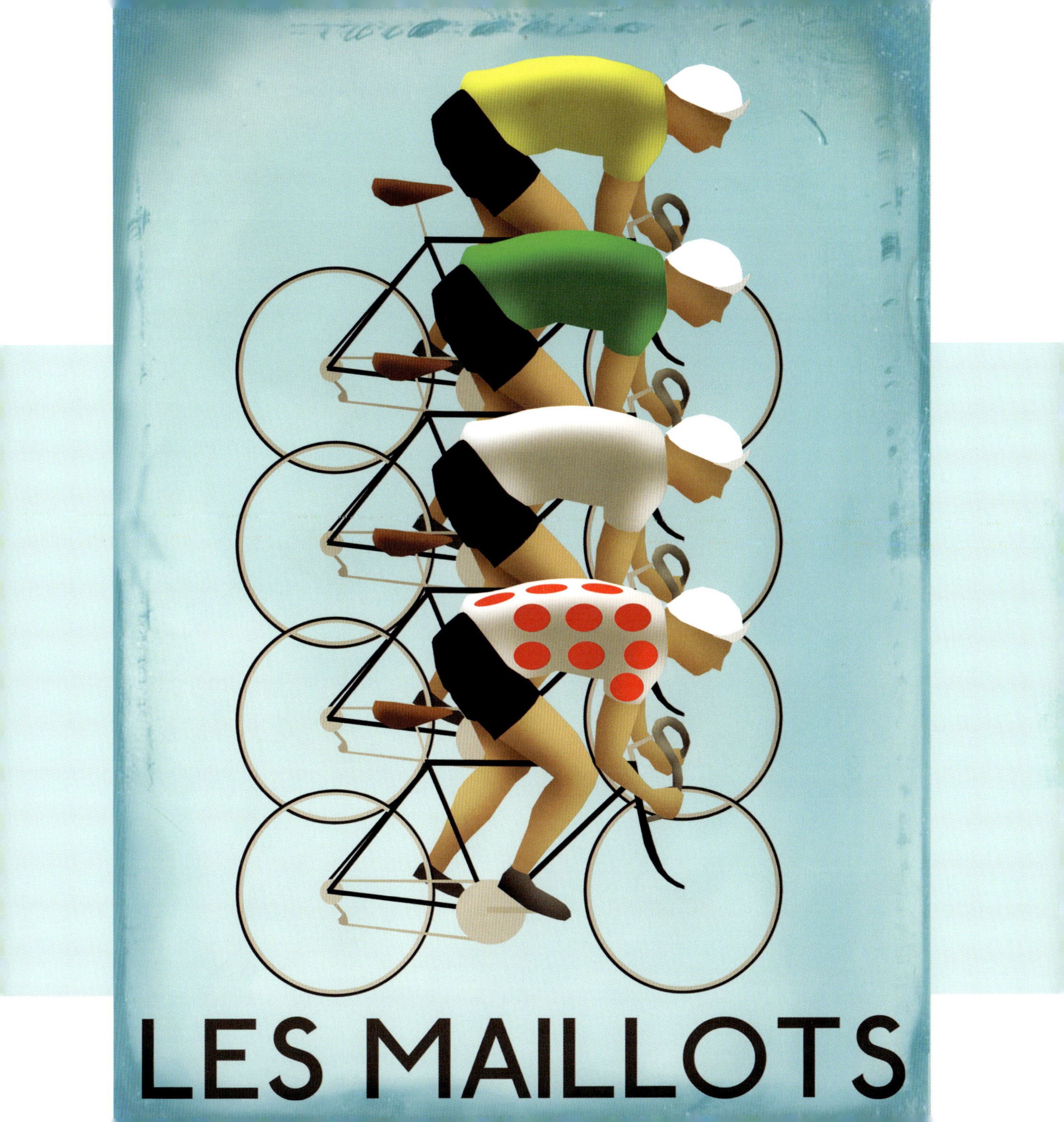
LES MAILLOTS

# K WIE ...

## KÖNIG DER BERGE

Was ist das für ein Fahrer, der ein weißes Trikot mit roten Punkten tragt und damit so aussieht, als hätte er die Masern aus einem Zeichentrickfilm (besonders dann, wenn auch noch die Hose, Socken, Schuhe, Helm oder gar das Rad auf das Trikot abgestimmt sind)? Er ist der König der Berge, also der Fahrer, der die meisten Punkte gesammelt hat, wenn es galt, die wirklich schweren Hürden zu nehmen. Er trägt das rot und weiß gepunktete Trikot zum Zeichen seiner Autorität in den Alpen, in den Dolomiten ist Blau Beweis seiner Dominanz, während die Überlegenheit in den Sierras bei der Vuelta durch ein weißes Trikot gezeigt wird.

Die Königswertung in den Bergen – oder *grand prix des montaignes* – erhält der Fahrer, der als Erster über einen Gipfel fährt, bei dem die maximale Punktezahl vergeben wird. Je schwerer der Berg, desto höher die Anzahl der Punkte.

Der Spanier Federico Bahamontes ist der absolute König der Kletterer mit ingesamt neun Siegen in der Bergwertung bei den großen Rundfahrten – sechsmal bei der Tour de France, einmal beim Giro und zweimal bei der Vuelta. Der Belgier Lucien Van Impe liegt nur einen Sieg dahinter, genauso wie der Italiener Gino Bartali. Der Franzose Richard Virenque (siehe S. 144) hält den Rekord mit sieben Gepunkteten Trikots bei der Tour de France, erfahren in den 1990ern/2000ern. Gino Bartali war ebenso siebenmal bester Bergfahrer, allerdings beim Giro, und der Spanier José Luis Laguía gewann fünfmal die Bergwertung bei der Vuelta. Ein Deutscher konnte sich in diese Listen noch nicht eintragen, Jan Ullrich wurde bei seinem Tour-Sieg 1997 Zweiter hinter Virenque. Weitere Träger – wenn auch nur für kurze Zeit – waren Jens Voigt, Rolf Aldag, Fabian Wegmann, Sebastian Lang, Tony Martin und sogar der Sprinter Marcel Wüst. An fehlenden Bergen kann es nicht liegen, einige der besten Kletterer kommen aus dem Flachland, wie der Luxemburger Charly Gaul (der »Engel der Berge«) oder der Belgier Lucien Van Impe, der für seinen flüssigen Stil berühmt war.

Die Bergwertung zu gewinnen ist nicht immer das Merkmal eines guten Kletterers. Der Italiener Marco

FORTSETZUNG SIEHE FOLGESEITE

Pantani gewann sie lediglich ein einziges Mal, bei seinem Sieg im Gesamtklassement beim Giro d'Italia 1998, obwohl er als einer der besten, wenn nicht der beste Kletterer aller Zeiten gilt.

**ANGEBERWISSEN** ► Die ersten Bergkönige waren der Spanier Vicente Trueba (Tour de France, 1933) sowie die Italiener Alfredo Binda (Giro d'Italia, 1933) und Edoardo Molinar (Vuelta a España, 1935)

**SCHON GEWUSST?** ► Als der »Adler aus Toledo«, Federico Bahamontes, den Col de Romeyère bei der Tour 1954 hinaufsauste, musste er auf dem Weg zum Gipfel seinen Reifen wechseln. Während er auf das Material wartete, hatte er die Zeit für ein Eis – so weit war er seinen Verfolgern enteilt.

# KEIRIN

Oder: die Sache mit dem Moped – Derny genannt, wenn damit auf der Bahn gefahren wird. Keirin ist ein Sprintrennen mit bis zu neun anstatt zwei Fahrern, die mit harten Bandagen kämpfen – so hart, dass es gen Ende des Rennens oft zu Stürzen kommt – genau dies passierte Chris Hoy (siehe S. 64) bei den Weltmeisterschaften 2009.

Keirin funktioniert wie folgt: Das schwarze Derny macht die Pace in der frühen Phase des Rennens, also auf den ersten Runden, wobei es die Geschwindigkeit nach und nach erhöht. Zwei Runden vor Schluss verlässt es die Bahn. In dieser Zeit rangeln die Fahrer um die beste Position, aber sie müssen immer hinter dem Hinterrad des Dernys bleiben. Hat das Derny die Bahn verlassen, geht das Rennen in die entscheidende Phase, jeder sprintet nun um den Sieg.

**VERBLÜFFEND** ► In Japan, woher das Keirin ursprünglich stammt, ist diese Form sehr populär bei den Sportwetten. Unsummen werden jährlich hierbei umgesetzt.

# KELLY, Sean

FAHRER

**GEBOREN** ► 24. Mai 1956, Carrick-on-Suir, Waterford, Irland

**NATIONALITÄT** ► irisch

**AKTIVE ZEIT ALS PROFI** ► 1977 bis 1994

**FAHRERTYP** ► Sprinter, Allrounder

**SPITZNAME** ► King Kelly, Sean (sein eigentlicher Name ist John James Kelly), Mr Paris–Nizza, Der neue Kannibale (für seine außergewöhnliche Saison 1984)

**GRÖSSTE ERFOLGE** ► Vuelta a España (1988), 5x Grünes Trikot Tour de France (1982, 1983, 1985, 1989), 4x Gepunktetes Trikot Vuelta a España (1980, 1985, 1986, 1988), 7x Paris–Nizza (1982–1988), 2x Mailand–Sanremo (1986, 1992), 2x Lüttich–Bastogne–Lüttich (1984, 1989), 3x Lombardei-Rundfahrt (1983, 1985, 1991), 2x Paris–Roubaix (1984, 1986)

**GRÖSSTE RIVALEN** ► Eddy Merckx, Bernard Hinault, Greg LeMond, Laurent Fignon, Francesco Moser

John James »Sean« Kelly ist der größte Fahrer, den Irland je hervorgebracht hat. Obwohl ihm Stephen Roche (siehe S. 118) in Sachen Vielseitigkeit die Krone streitig gemacht hat, ist Kellys Liste an Siegen bei den kürzeren Etappenrennen wie Paris–Nizza oder bei den Klassikern – er gewann alle Monumente (siehe S. 91) mehrfach, bis auf die Flandern-Rundfahrt (obwohl er dort dreimal Zweiter wurde) – unglaublich lang und macht ihn zu einem der Besten aller Zeiten.

Kelly wuchs auf einem Bauernhof auf, seine Klasse und seine außerordentlich lange Karriere machen ihn zu einem der Größten dieses Sports. Mit 22 Siegen bei den Klassikern steht er an Nummer vier hinter Merckx (50), Hinault und Anquetil (je 29).

Aber Größe ist mehr als nur die Anzahl der Siege im Palmarès (siehe S. 99). Dazu gehört auch, was du dem Sport zurückgibst, und Kelly ist seit seinem Karriereende noch eng mit dem Radsport verbunden: Er hat die Sean Kelly Racing Academy gegründet sowie ein Profi-Radteam, außerdem kommentiert er Radrennen für das Fernsehen. Seine drollige, prägnante Stimme ist bei den britischen Fans äußerst beliebt.

Durch seine Liebe zum Radsport entging Kelly einem harten Leben auf dem Land, er war ein talentierter Amateur, der bereits mit 18 Profi wurde. Doch erst nach seinem Umzug nach Frankreich 1977 kam seine Karriere richtig in Schwung. Der junge Ire gewann eine Tour-Etappe bei seinem Debüt und erwarb sich schnell einen Ruf als furchtloser Sprinter, aber nicht als jemand, der ganze Etappenrennen gewinnen konnte. Sein früherer Teammanager Jean de Gribaldy – von dem Kelly sagt, dass er anderen Sportlichen Leitern in Ernährung und Training zehn Jahre voraus war und die Fahrer anhielt, klug zu trainieren und nicht immer nur härter – hatte großen Einfluss auf Seans Karriere und entwickelte ihn zum Kapitän, denn er glaubte daran, dass Kelly auch auf Etappenrennen erfolgreich sein konnte.

Bestätigung und Lohn erhielt Gribaldy, als Kelly 1982 bei Paris–Nizza triumphierte – Beginn eines bis heute gültigen Rekordes von sieben Siegen in Folge. Zusammen mit seinem ersten Grünen Trikot bei der Tour änderte sich die Meinung über ihn schnell. Mit seinem Sieg bei der Vuelta 1988 dank seiner exzellenten Fähigkeiten im Zeitfahren und mit ein wenig Hilfe von Robert Millar war er endlich ganz oben angekommen. Kellys Qualitäten als Fahrer, zusammen mit seiner Fähigkeit, sich auch bei widrigsten Bedingungen auszeichnen zu können, machten ihn zu einem Sieganwärter sowohl bei den Klassikern als auch bei den Etappenrennen.

Seine Skills lassen sich am besten an seinen größten Erfolgen ablesen: das Foto-Finish 1983 bei der Lombardei-Rundfahrt, nachdem Kelly im Alleingang ein Loch zu der Spitzengruppe zugefahren hatte, in einem sehr engen Sprint siegte, Greg LeMond hinter sich ließ und den ersten Sieg bei einem Monument einfuhr. Seine Attacke bei Paris–Roubaix 1984 bei miesen Wetterbedingungen, gefolgt von einem ähnlich aggressiven Angriff bei Lüttich-Bastogne-Lüttich, die ihm dort die beiden ersten Siege eintrugen. Sein taktisch cleveres Verhalten, um 1983 einen Tag ins Gelbe Trikot zu schlüpfen, indem er alle Zwischensprints und den Zielsprint für sich entschied und die Führung mit einer Sekunde übernahm. Und natürlich seine unglaubliche Abfahrt den Poggio hinunter, bei Mailand–Sanremo 1992 am Ende seiner illustren Karriere, als er wie ein Irrer die Haarnadelkurven hinunterflog, den Führenden einholte und ihn im Sprint besiegte.

**SCHON GEWUSST?** ► Am Ende der Tour 1983 wurde sein Auto aufgebrochen und sein Koffer mitsamt dem Gelben Trikot gestohlen. Das Trikot, das nun eingerahmt zwischen all den anderen Erinnerungen an seine Karriere in seinem Haus in Irland hängt, ist ein Replikat, das die Tour ihm zur Verfügung gestellt hat.

**ANGEBERWISSEN** ► *Kelly ist lebenslang für die Olympischen Spiele gesperrt, nachdem er 1976 in Südafrika gefahren war, obwohl das Land boykottiert wurde. Er wurde nur deshalb erwischt, weil er auf einem Foto mit Richard Burton und Elizabeth Taylor abgebildet war, die in Südafrika auf Hochzeitsreise waren.«*

# L WIE …

## LATERNE, ROTE

Der letzte Fahrer bei der Tour de France erhält die »Rote Laterne«. Doch warum? Bei französischen Zügen hing man früher an den letzten Waggon eine *lanterne rouge*, sie signalisierte das Ende des Zuges. Zwischen 1946 und 1951 erhielt der letzte Fahrer beim Giro das Schwarze Trikot, das *maglia nera*. Man könnte annehmen, dass man nicht besonders stolz darauf sein kann, Letzter zu sein, doch einige Fahrer nahmen es sehr ernst: Es gibt unzählige Geschichten über Profis, die vom Rad sprangen und sich versteckten, bis das Peloton weit weg war, sodass sie ihren Platz am Ende des Rennens bewahren konnten. In den Tagen, als die Fahrer noch keine ordentlichen Gehälter bekamen, konnte die »Rote Laterne« noch gutes Geld bei lukrativen (Kirmes-)Rennen im Anschluss an die Tour machen. Warum also lieben die Fans den Letzten im Klassement? Weil sie dennoch weiterfahren bis auf die Champs-Élysées, obwohl sie chancenlos sind. Wir ehren damit ihre Tapferkeit, es auch beim härtesten und größten Rennen der Welt ins Ziel zu schaffen – dafür ein *chapeau*!

**ANGEBERWISSEN** ► *Edwig Van Hooydonck, Letzter bei der Tour 1993, gewann die Flandern-Rundfahrt zweimal – auch große Fahrer sind mal ganz hinten zu finden.*

# LEAD OUT (ANFAHRER)

Wenn der Sprint 60 km/h und schneller wird, dann ist ganz vorn der Anfahrer zu finden, der den Sprintzug anführt. Er hofft, seinen Sprinter genau in die richtige Position zu bringen, damit der am Ende jubelnd über den Zielstrich fahren kann. Obwohl selbst in der Lage, Rennen zu gewinnen, besteht sein Job darin, den designierten Sprinter im Team auch durch kleinste Lücken hindurch in die Poleposition zu bringen, wenn das Rennen auf den letzten Kilometern dem Zielstrich entgegengeht. Ein gut eingespielter Sprintzug hält das Tempo hoch, nimmt potenziellen Ausreißern den Wind aus den Segeln und erlaubt es dem Sprintstar, genau im richtigen Augenblick vom Hinterrad des Vordermannes herauszugehen und Sieg auf Sieg einzufahren. Doch nur eine falsche Bewegung, und das Desaster ist programmiert, der Sprinter findet sich mitten im Getümmel gestürzter Radfahrer wieder. Der große italienische Sprintstar Mario Cipollini war der Erste, der in den späten 80ern/frühen 90ern auf einen Sprintzug zurückgriff. Zusammen mit dem Team Saeco, das in einem roten Dress daherkam, dominierte er den Sprint mit seinem berühmten »Roten Zug«. Der Brite Mark Cavendish – the Manx Missile – hat aus dem Sprintzug eine hohe Kunst gemacht; über Jahre beherrschte er die Sprinterszene.

**ANGEBERWISSEN ▸** *Mit André Greipel, John Degenkolb und Marcel Kittel hat Deutschland aktuell drei ganz heiße Eisen im Sprinterfeuer – egal, wer für sie anfährt.*

FAHRER

# LEMOND Greg

**GEBOREN ▸** 26. Juni 1961, Lakewood, Kalifornien
**NATIONALITÄT ▸** US-amerikanisch
**AKTIVE ZEIT ALS PROFI ▸** 1981 bis 1994
**FAHRERTYP ▸** Allrounder, sehr guter Kletterer und Zeitfahrer
**SPITZNAME ▸** Der Amerikaner, Das Monster, Der Cowboy
**GRÖSSTE ERFOLGE ▸** 3x Tour de France (1986, 1989, 1990), 2x Straßenweltmeister (1983, 1989)
**GRÖSSTE RIVALEN ▸** Bernard Hinault, Laurent Fignon

Gregory James LeMond war der erste – und nunmehr wieder der einzige – Amerikaner, der die Tour de France gewinnen konnte. Nachdrücklich in Erinnerung geblieben ist sein Sieg über Laurent Fignon bei der Tour 1989, die er mit 8 Sekunden oder 82 Metern Vorsprung gewinnen konnte – nach einem Rennen über 3285 Kilometer. Er war ein kompletter Fahrer, mit allen Stärken, die es für eine große Rundfahrt braucht: Schon in jungen Jahren zeigte er seine Fähigkeiten am Berg und im Zeitfahren. Er wurde Dritter bei seiner ersten Tour-Teilnahme 1984, bei der er ironischerweise für Fignon arbeiten musste, wechselte 1985 aber das Team und fuhr für Bernard Hinault. Wenn die Tour von 1989 als die großartigste Tour aller Zeiten honoriert wird, so kann die Ausgabe von 1986 diesen Titel ebenfalls für sich beanspruchen, angesichts der Rivalität zweier Teamkollegen: dem in die Jahre gekommenen Franzosen Hinault, der seinen sechsten Tour-Sieg einfahren wollte, und dem jungen Amerikaner, heiß auf seinen ersten Sieg. Ihr erbarmungsloser Kampf gipfelte in ihrem Weg Seite an Seite hinauf nach Alpe d'Huez.

LeMond befand sich auf dem Höhepunkt seiner Karriere, als er 1987 durch eine Schussverletzung bei einem Jagdunfall zurückgeworfen wurde. Dem Tod entronnen, betrat er 1989 noch einmal auf Top-Niveau den Rennzirkus – der Rest ist Legende. Der Sieg mit acht Sekunden Vorsprung vor Fignon auf den Champs-Élysées gilt als eines der größten Comebacks der Sportgeschichte überhaupt.

**ANGEBERWISSEN ▸** *LeMond steht für große Innovationen im Radsport – der erste Ein-Millionen-Dollar-Fahrer und der Mann, der den Triathlon-Lenker im Radsport einführte. Falls Sie sich wundern: Tribars sind zusätzliche Griffe am Lenker, heutzutage Standard beim Zeitfahren. Sie sorgen für eine bessere Aerodynamik. LeMond benutzte sie 1989, Fignon nicht – sie machten den Unterschied über Sieg und Niederlage aus.*

RENNEN

# LÜTTICH–BASTOGNE–LÜTTICH

**AUSTRAGUNGSORT** ▸ Ardennen (Belgien)
**ART DES RENNENS** ▸ Eintagesklassiker
**SPITZNAME** ▸ *La Doyenne* (die alte Dame Lüttich–Bastogne–Lüttich ist das älteste Rennen unter den Monumenten)
**ZEITPUNKT** ▸ Frühling
**MEHRFACHSIEGER** ▸ Eddy Merckx (schon wieder!) hat fünfmal gewonnen
**MEISTE LÄNDER-SIEGE** ▸ wenig überraschend – Belgien
**GRÖSSTE MOMENTE** ▸ Das Rennen 1980 wurde von einem Schneesturm heimgesucht – nach einer Stunde hatte die Hälfte der 174 Fahrer das Rennen aufgegeben. Bernard Hinault gewann, nachdem er 80 Kilometer allein durch quasi arktische Wetterbedingungen gefahren war. Noch heute leidet er unter Taubheitsgefühlen in seinen Händen. Sein Lohn: Sein Soloritt gilt als eine der herausragendsten Leistungen bei einem Klassiker.

Lüttich–Bastogne–Lüttich ist das wallonische Äquivalent zur Flandern-Rundfahrt – seine Route führt durch den französischsprachigen Teil von Südbelgien und teilweise durch die Ardennen. *La Doyenne* ist die Kronjuwele unter den Klassikern der Ardennenwoche, die mit dem Amstel Gold Race beginnt, worauf der Flèche Wallonne (Wallonische Pfeil) folgt, der mit einem Anstieg an der Mauer von Huy mit bis zu mörderischen 26 Prozent Steigung aufwartet.

Lüttich–Bastogne–Lüttich hat nicht so steile Rampen zu bieten, aber seine Anstiege mit teilweise 15 Prozent Steigung wie la Redoute müssen mehrfach gefahren werden – sozusagen ein Ausscheidungsrennen, bei dem es nur die stärksten Fahrer bis zum Finish in einem Außenbezirk von Ans schaffen.

Das Rennen windet sich durch die dichten Wälder und uralten Berge der Ardennen. Hier leben viele Nachkommen ehemaliger italienischer Gastarbeiter, die wegen der Arbeit in den Minen nach Belgien gekommen waren. In den 80ern, als Moreno Argentin dreimal hintereinander gewinnen konnte, sowie in den 90ern, als Michele Bartali zwei Siege einfuhr, hatten die Tifosi viel zu jubeln. Aber Merckx ist mit seinen fünf Siegen bis heute der unbestrittene König von *La Doyenne*.

**ANGEBERWISSEN** ▸ *Auf dem Gipfel der Côte de Stockeu erinnert ein Denkmal an Merckx: An diesem Punkt lancierte er immer seine erfolgreichen Attacken.*

# CANNIBAL

# M WIE …

FAHRER

## MERCKX, Eddy

**GEBOREN** ▸ 17. Juni 1945, Tielt-Winge, Flämisch-Brabant, Belgien
**NATIONALITÄT** ▸ belgisch
**AKTIVE ZEIT ALS PROFI** ▸ 1965 bis 1978
**FAHRERTYP** ▸ Alleskönner – auf der Straße wie auf der Bahn
**SPITZNAME** ▸ Der Kannibale
**GRÖSSTE ERFOLGE** ▸ Eine Auflistung würde den Rahmen sprengen – Merckx hat wenigstens einmal jedes große Rennen im Sport gewonnen und hält den Rekord für die meisten Siege bei den großen Rundfahren (11) sowie den Klassikern (19)
**GRÖSSTE RIVALEN** ▸ Keine – er ist einfach der größte Fahrer aller Zeiten

Was kann man noch schreiben über Édouard Louis Joseph Baron Merckx? In seiner Ägide gewann er bei mehr als jedem dritten Rennen, bei dem er an den Start ging, inklusive der elf Siege bei den großen Rundfahrten. Er ist der einzige Fahrer, der gleichzeitig die Trikots des Besten im Gesamtklassement und der Berg- und Sprintwertung beim Giro (1968) sowie bei der Tour (1969) einheimsen konnte. Letzteres übrigens bei seinem Tour-Debüt.

Merckx' Tour-Teilnahme 1969 ist bis heute Sinnbild absoluter Dominanz. In den Pyrenäen griff er an, fuhr 105 Kilometer allein über die großen Gipfel des Tourmalet und des Aubisque und gewann mit acht Minuten Vorsprung vor seinem ärgsten Verfolger – eine Wahnsinnsleistung. Was am meisten überrascht: Merckx hätte es gar nicht machen müssen, er lag zu dem Zeitpunkt schon komfortabel in Führung und hätte das Rennen nur noch kontrollieren müssen. Aber Merckx tickte anders – er wurde nicht umsonst »Der Kannibale« genannt. Sein Rekord mit 525 Siegen wird wohl für die Ewigkeit Bestand haben.

FORTSETZUNG SIEHE FOLGESEITE ▸

Merckx entschied sich mit acht Jahren, Profi zu werden, obwohl nichts in seiner großbürgerlichen Herkunft darauf hindeutete, dass er seine Brötchen einmal mit Rennradfahren verdienen würde. Er nannte es »Bestimmung« und meinte: »Ich habe einfach unglaublich viel Spaß dabei, Fahrrad zu fahren, und Rennen waren nur ein Grund, noch mehr fahren zu können. Später hab ich an Rennen teilgenommen, weil es genau mein Metier war. Ich strotzte vor Selbstvertrauen, hier war ich Eddy Merckx. Ich liebte die Wettkämpfe, es gab nur mich, das Rad und das Rennen. Das reinste Vergnügen.« Der Belgier behauptete stets, die Rennen um des Vergnügens und der Siege willen gefahren zu sein; der Beste zu werden sei nie das Ziel gewesen. Noch heute fährt er ungefähr 60 Kilometer mit Freunden, anschließend gönnt er sich ein Glas Wein.

Merckx war Gelegenheitsraucher – er sagte, es entspanne seine Lungen – und brauchte nach den Rennen oftmals einen Stuhl in der Dusche, so sehr hatte er sich verausgabt. Für Merckx war Siegen sein Elixier, sein Erfolgshunger war so stark, dass er sich selbst bis zur totalen Erschöpfung antrieb und manchmal auch drohte und einschüchterte, um zu bekommen, was er wollte. Als der ultimative Patron (siehe S. 106) der Tour 1974 erlaubte er es den Sprintern nicht, das *maillot jaune* zu einem frühen Zeitpunkt des Rennens zu übernehmen. »Das ist mein Gelbes Trikot«, sagte er ganz unverblümt. Undurchschaubar, mit eisernem Willen und mit der physiologischen Fähigkeit ausgestattet, auf dem Rad alles zu erreichen, was er sich in den Kopf gesetzt hatte, war Merckx ganz einfach der kompletteste Fahrer, der jemals in die Pedale getreten hat. Genauso in der Lage, die Berge hinaufzufliegen wie Fausto Coppi und die Zeitfahren anzugehen wie Jacques Anquetil.

Das wirklich Erstaunliche an der unaufhaltsamen Karriere des Belgiers ist die Tatsache, dass er den Rest seines Lebens nur mit enormen Schmerzen fahren konnte: Bei einem Unfall 1969 in Frankreich auf der Bahn verletzte sich Merckx an Kopf, Wirbelsäule und Hüfte, ein Derny-Fahrer starb sogar. Er meinte, dass er danach nie mehr so stark in den Bergen gewesen sei und dass er ohne diesen Unfall mehr Rennen, auch Frankreichrundfahrten, gewonnen hätte. Trotz alledem hält er den Rekord für die meisten Etappensiege und die längste Zeit in Gelb.

**SCHON GEWUSST?** Der Brite Barry Hoban erzählt gern folgende Anekdote: »Wussten Sie, dass Poulidor und Gimondi 50 Franc Strafe zahlen mussten, weil man sie erwischt hatte, wie sie sich von einem Auto ziehen ließen? Und was machte Merckx? Er schleppte das Auto ab.« Es gibt unzählige solcher Geschichten über diese beinharten Männer – Jens Voigt ist sogar eine ganze Website gewidmet.

**ANGEBERWISSEN** ► *Als Merckx die Tour 1969 dominierte, prägte man ein Wort dafür –* merckxissimo.

# MARMOLADA/PASSO FEDAIA

**HÖHE IM ZIEL** ► 2057 Meter
**HÖHENMETER** ► 1059 Meter
**DURCHSCHNITTLICHE STEIGUNG** ► 7,5 Prozent
**MAXIMALE STEIGUNG** ► 9 Prozent
**LÄNGE DES ANSTIEGS** ► 14 Kilometer
**GEOGRAFISCHE LAGE** ► Dolomiten, Italien

Die Marmolada ist der höchste Gipfel in den Dolomiten, und der Passo Fedaia, der über ihn führt, gehört zu den längsten oder härtesten Anstiegen.

Hier griff 1998 Marco Pantani den Schweizer Alex Zülle an und siegte mit über vier Minuten Vorsprung in den hohen Dolomiten – der Schweizer brach unter dem Druck zusammen. Pantani gewann in dem Jahr das Giro/Tour-Double. Ebenso sicherte sich der Spanier Miguel Indurain hier seinen zweiten Erfolg beim Giro, als der italienische Kletterspezialist Bugno sich verzockte und die endlosen Anstiege zu schnell anging; Indurain hingegen hielt ein gleichmäßiges, aber unbarmherzig hohes Tempo und holte ihn ein.

Und an dieser Stelle ereignete sich 1987 auch die dramatische Etappe, die als das »Massaker von Marmolada« in die Geschichte eingegangen ist. Es begann tags zuvor, auf der 225 Kilometer langen Etappe von Lido di Jesolo nach Sappada. Stephen Roche (siehe S. 118) griff das Rosa Trikot an – eine legitime Taktik, außer dass der Führende sein Teamkollege Roberto Visentini war, der Vorjahressieger. Zwischen beiden herrschte eine giftige und feindschaftliche Atmosphäre, und Roche war der Meinung, er sei der wahre Kapitän der Mannschaft beim Giro. Visentini sah dies natürlich ganz anderes, denn er wollte seinen Titel verteidigen. Die Rivalität durfte ungebremst ausgelebt werden – Visentini erklärte, er würde Roche bei der Tour helfen, wenn der Ire ihm gegenüber loyal beim Giro wäre. So ein Arrangement ist nicht unüblich bei zwei starken Fahrern in einem Team – man denke nur an Hinault und LeMond bei der Tour 1986 oder Wiggins und Froome aus dem Team Sky 2012.

Was dann geschah: Der Italiener hatte schon zuvor erklärt, er würde Roche angreifen, wenn es nötig sei, um das Rennen zu gewinnen. Also griff Roche auf der 15. Etappe zuerst an und lehnte es ab, den Rückzug anzutreten, obwohl der Sportliche Leiter das ganze Team losschickte, um ihn zurückzuholen. Visentini kroch ganze sechs Minuten hinter dem Befehlsverweigerer Roche ins Ziel. Der Ire führte, und ganz Italien hasste ihn. Zur 16. Etappe, die mit dem Anstieg an der Marmolada endete, startete er flankiert von seinem treuen *gregario* (siehe S. 60) Eddy Schepers, dem Schotten Robert Millar (siehe S. 86) und dem Australier Phil Anderson. Die ganzen 214 Kilometer wurde er von wütenden Tifosi bespuckt, angerempelt, verhöhnt und geschlagen. Visentini prahlte mit seinen Versuchen, Schepers in einen Unfall zu verwickeln, und lancierte einen Angriff nach dem anderen, doch Roche ertrug dieses Dauerfeuer aus Hass und Verachtung und fuhr zur gleichen Zeit wie Visentini über den Zielstrich. Der Kampf um die Führung im Team sowie im Klassement war entschieden.

**ANGEBERWISSEN** ► *Lago Fedaia, der See am Fuße der Marmolada, war ein Schauplatz für das Remake von* The Italian Job.

# MADISON

Das Madison oder auch *Americaine* wurde benannt nach dem Madison Square Garden in New York City, wo das Rennen in den 1890er-Jahren erfunden wurde. Es ist ein Zweier-Mannschaftsfahren auf der Bahn, das nach Zahl der erreichten Punkte und Runden gewertet wird, wobei Sieger immer die Mannschaft mit den meisten Runden ist. Erst bei Gleichstand entscheiden die erfahrenen Punkte. Zu kompliziert? Merken Sie sich einfach:

- Die Mannschaft mit den meisten Runden gewinnt, auch wenn ein Team mehr Punkte, aber beispielsweise eine Runde weniger gesammelt hat.
- Nur bei Rundengleichstand entscheidet die Punktezahl.

Das Madison wurde zum Leben erweckt bei den populären und sehr lukrativen Sechs-Tage-Rennen, bei denen die Fahrer Tag und Nacht durchfahren. Als 1897 ein Gesetz verabschiedet wurde, das die Fahrzeit der Sportler auf der Bahn einschränkte, bekam die Idee eines Mannschaftswettbewerbs sehr schnell Aufwind.

Das wirkliche Highlight beim Madison ist der Wechsel zwischen den beiden Fahrern – während der eine Vollgas gibt, nimmt der andere eine Verschnaufpause am oberen Rand der Bahn, fährt dann herunter zu seinem Mitstreiter und wird von diesem mittels »Schleudergriff« nach vorn katapultiert. Dieses Manöver ist sehr anspruchsvoll und ziemlich spektakulär, wenn es gelingt. Konfus, chaotisch und dramatisch, ist das Madison wahrlich nichts für Feiglinge.

# MAGIC SPANNER (BENZIN FAHREN)

Benzin fahren ist eine schöne Möglichkeit für den Fahrer, eine kleine Verschnaufpause einzulegen: Er fährt an das Teamfahrzeug, hält sich fest, und der Mechaniker bastelt am Rad herum – und braucht scheinbar Ewigkeiten ... ***siehe auch: Bidon (S. 17).***

# MAILLOT

Französisches Wort für → ***Trikot (siehe S. 70)***.

# MARVINGT, Marie

1908 standen 110 Fahrer am Start bei der Tour de France in Paris. 27 Tage später erreichten nur 36 Männer das Ziel ... und eine Frau, Marie Marvingt, eine Frau, die die Gefahr liebte: Fliegerin, Fechterin, Schwimmerin, Läuferin, Boxerin, Skifahrerin, Kampfsportlerin, eine der besten alpinen Kletterinnen der Welt (sie trug Culottes, denn es war verboten, in Hosen zu klettern), Rekordhalterin in diversen Sportarten. Im Alter von 86 Jahren radelte sie die 280 Kilometer von ihrer Heimat Nancy nach Paris, um – genau – ihre Hubschrauberlizenz abzuholen. Im Verlauf ihres langen und wirklich ungewöhnlichen Lebens kämpfte sie im Ersten Weltkrieg, wurde die weltweit erste Kampfpilotin und machte sich für einen Ambulanzdienst in der Luft stark. Sie wurde die höchstdekorierte Frau Frankreichs und erhielt das *Croix de Guerre* sowie den *Legion d'Honneur*.

Natürlich wurde ihr die Teilnahme am Rennen verwehrt – ihr wurde ziemlich unmissverständlich klargemacht, dass die Tour de France eine reine Männerveranstaltung sei. Aber sie ließ sich nicht beirren und fuhr der Tour einfach in kurzem Abstand hinterher und legte ebenso wie die Männer in 14 Etappen 4488 Kilometer zurück, darunter Pässe wie der Ballon d'Alsace, der Col de Porte und Côte de Laffrey. Ein Jahr später erreichte die Zeitschrift *L'Auto* ein Brief mit der Frage, wann es denn eine Tour für Frauen gäbe? Die Antwort: Wenn die

FORTSETZUNG SIEHE FOLGESEITE ►

Berge Frankreichs geglättet worden seien. Aber von diesen Bergen ließ sich Marie Marvingt nicht aufhalten, sie ist die erste Frau, die die Tour de France fuhr.

## MECHANIKER

Der Mechaniker hält die Räder der Fahrer nahezu perfekt in Schuss, er führt Reparaturen durch und nimmt Feinjustierungen vor, auch beim »Benzin fahren« (siehe S. 84), wenn es nötig ist. Meistens allerdings werden während des Rennens Defekte an Kette, Gangschaltung oder Reifen ganz einfach behoben: Das Rad oder wenigstens der Reifen wird komplett ausgetauscht. Ernesto Colnago war Merckx' Mechaniker bei seinem alles besiegenden Molteni-Team und trug zu neuen mechanischen Innovationen im Radsport bei.

**SCHON GEWUSST?** ► Bei der Tour de France 1963 wollte Jacques Anquetil ein leichteres Rad für die Abfahrt vom Col de la Forclaz fahren, doch Radwechsel waren während des Rennens eigentlich verboten – außer bei einem technischen Defekt. Sein Sportlicher Leiter Raphaël Géminiani arrangierte es so, dass Anquetil einen vorgetäuschten »Defekt« hatte, indem ein Mechaniker ganz einfach den Schaltzug zum *Derailleur* durchtrennte. Nun durfte der Franzose sein Rad doch austauschen, und als die *Commissaires* das ursprüngliche Rad inspizierten, war der Pfusch längst behoben. Für Anquetil hat es sich ausgezahlt, er gewann seine vierte Tour in Folge.

**ANGEBERWISSEN** ► *»Fahrradmechaniker haben einen großen Einfluss auf die moderne Technologie. Henry Ford war ebenso Fahrradmechaniker wie die Gebrüder Wright, die ihr erstes Flugzeug aus leichten Fahrradkomponenten zusammengebaut haben.«*

FAHRER

## MILLAR, Robert

**GEBOREN** ► 13. September 1958, Glasgow
**NATIONALITÄT** ► schottisch
**AKTIVE ZEIT ALS PROFI** ► 1980 bis 1995
**FAHRERTYP** ► Kletterspezialist
**SPITZNAME** ► Diffi (laut Millar hätte er sich selbst auch diesen Spitznamen gegeben)
**GRÖSSTE ERFOLGE** ► Bergwertung Tour de France (1984), Bergwertung Giro d'Italia (1984), 2x Vuelta a España (1978, 1983), Katalonien-Rundfahrt (1985), Dauphiné Libéré (1990), nationaler Straßenmeister (1995)
**GRÖSSTE RIVALEN** ► Pedro Delgado

Der Schotte Robert Millar war der erste Brite, der das Bergtrikot bei der Tour und beim Giro gewinnen konnte. Mit seinen zweiten Plätzen bei der Vuelta 1985 und 1986 sowie beim Giro 1987 wäre er beinahe auch der erste britische Fahrer geworden, der es bei einer Grand Tour ganz oben aufs Podest geschafft hätte. Zusammen mit seinem vierten Platz bei der Tour de France 1984 ist er jedenfalls bis heute der einzige Brite, der in den Top Fünf der großen Rundfahrten finishen konnte.

Als begnadeter Kletterer gewann Millar gleich eine schwere Pyrenäen-Etappe bei seinem Tour-Debüt 1983. Vier Jahre zuvor war er nach Paris gezogen und hatte prompt die *Merlin Plage*, also den Preis für den besten Amateur der Saison, gewonnen, was ihm einen Profi-Kontrakt beim Peugeot-Team eintrug. Millar war erst 23 Jahre alt, als er seine Arme beim Sieg auf der Etappe hinauf nach Pau hochriss – und immerhin den künftigen Tour-Gewinner Pedro Delgado schlagen konnte.

Und er wurde noch besser. Im Jahr darauf glänzte er wieder bei der Tour, als er eine sehr schwere Etappe, dieses Mal hinauf zur Ski-Station Guzet-Neige, gewinnen konnte und in Paris als bester Bergfahrer geehrt wurde. Sein vierter Gesamtplatz wurde später nur von den Briten Bradley Wiggins und Chris Froome überboten.

Nun war Millar in aller Munde als möglicher Champion bei den großen Rundfahrten. Bei der Vuelta a España 1985 sah es auch so aus, als könnte er die Erwartungen erfüllen und als erster Brite bei einer Grand Tour triumphieren. Im Trikot des Gesamtführenden startete er bei der vorletzten Etappe mit einem 10-Sekunden-Polster vor dem Kolumbianer Francisco Rodríguez, der für das spanische Zor-Team fuhr. In dem Wissen, bei den drei schweren Anstiegen nur am südamerikanischen Gegner dranbleiben zu müssen, klebte er an ihm wie eine Klette, bis ein Platten ihn zurückwarf. Millar kämpfte sich zu den Führenden vor dem letzten Anstieg zurück, und Rodríguez gratulierte dem Schotten zu seinem großen Erfolg ...

Aber was Millar nicht wusste, und was Rodríguez tunlichst verschwiegen hatte, war die Tatsache, dass der Spanier Pedro Delgado – der am Start der Etappe um die sechs Minuten Rückstand hatte, aber die heimischen Straßen wie seine Westentasche kannte, fuhren sie doch in seiner Heimatregion Castilla y Leòn – angegriffen und plötzlich die Gesamtführung übernommen hatte. Millar stand ohne Helfer da, die an einem Bahnübergang von einem Zug aufgehalten wurden, der niemals dort passieren sollte, und verlor die Vuelta um 36 Sekunden. Bis heute gilt die Rundfahrt als »gestohlene Vuelta« angesichts der Verbrüderung der spanischen Teams gegen Millar. Doch der Schotte machte auch seinen Sportlichen Leiter Roland Berland dafür verantwortlich, nicht für genügend Unterstützung gesorgt zu haben.

Obwohl Millar im Anschluss sagte, er werde nie mehr nach Spanien zurückkehren, startete er im nächsten Jahr wieder und übernahm die Gesamtführung – wieder nach einem großartigen Etappensieg. Doch am Ende blieb wieder nur der zweite Platz hinter dem Spanier Álvaro Pino. Bei seinem Giro-Debüt 1987 holte er sich früh das Bergtrikot und gab es bis zum Ende des Rennens nicht mehr her. Außerdem verbündete er sich mit Stephen Roche (siehe S. 118), der den Zorn der Tifosi auf sich gezogen hatte (Roche hatte seinen Mannschaftskapitän angegriffen, um selbst die Führung zu übernehmen – diese Dreistigkeit kostete den Iren auch die Unterstützung des eigenen Teams). Vielleicht erinnerte sich Millar an seine Situation bei der Vuelta 1985 und entschied sich deshalb dafür, Roche im Kampf gegen die Italiener zu unterstützen.

Scheu und eigenbrötlerisch war der wortkarge Schotte als introvertierter Einzelgänger bekannt, der die Karriere beendete, als sein französisches Team *Le Groupement* 1995 pleiteging. Er hat als Trainer für Nationalmannschaften und Radsportjournalist gearbeitet, seine treffenden und plakativen Kolumnen adeln Websites wie *cyclingnews.com.* Aber sein großes Talent als Kletterer und seine Erfolge auf den schweren Bergetappen haben ihm einen Platz im Pantheon der besten Bergfahrer aller Zeiten gesichert.

**SCHON GEWUSST?** Als Millar 1985 die Französin Sylvie Transler heiratete, meinte sein Teamkollege, der Australier Phil Anderson, ganz trocken: »Der hat nicht einmal die Fähigkeiten, mit Männern zurechtzukommen, geschweige denn mit Frauen.«

# MAILAND–SANREMO

**AUSTRAGUNGSORT** ▸ Italien
**ART DES RENNENS** ▸ Eintagesklassiker
**SPITZNAME** ▸ *La Primavera*
**TERRAIN** ▸ Flach, mit einer Reihe Hügel und Anstiege vor dem Ziel
**ZEITPUNKT** ▸ Anfang des Frühlings (obwohl es von 1931 bis 1981 am 19. März ausgetragen wurde, dem St. Josefstag, einem wichtigen Nationalfeiertag in Italien)
**MEHRFACHSIEGER** ▸ Eddy Merckx gewann insgesamt siebenmal
**MEISTE LÄNDER-SIEGE** ▸ kaum überraschend – Italien
**GRÖSSTE MOMENTE** ▸ Sean Kellys außergewöhnlicher Angriff 1992 auf der Abfahrt vom Poggio, um Moreno Argentin noch abzufangen und den Giro zu gewinnen. Oscar Freire 2004, als er mit drei Zentimetern Vorsprung vor Erik Zabel gewann, der schon zum Jubeln angesetzt hatte. Der Schneeeinbruch und arktische Temperaturen beim Rennen 2013, bei dem die Rennleiter sich zu einer Streckenkürzung gezwungen sahen und die Fahrer über die schwierigsten Abschnitte per Bus transportiert wurden. Mark Cavendish, wie er aus dem Gewühl wie eine Rakete nach vorn schießt und Heinrich Haussler den sicher geglaubten Sieg entreißt.

Mailand–Sanremo mag nicht zu den härtesten Klassiker-Rennen gehören, aber mit seinen knapp 300 Kilometern ist es definitiv das längste. Von seiner ersten Ausgabe 1907 bis 1960 war es eine reine Sprinter-Angelegenheit. Die mittlerweile Kultstatus genießenden Anstiege des Poggio und Cipressa wurden 1960 und 1982 eingebaut, um die Vorherrschaft der schnellsten Fahrer zu brechen. Das galt besonders für Ausländer wie Rik Van Steenbergen, der das Rennen in den 50ern dominierte. Sein Sieg über Fausto Coppi, Gino Bartali und Louison Bobet 1954 gilt als das schönste Sprint-Finish bei diesem Rennen. Klassiker-Spezialisten begannen das Rennen zu dominieren, wie Eddy Merckx mit seinen sieben Erfolgen zwischen 1966 und 1976 beweist.

*La Primavera* ist zudem der erste und früheste Klassiker in der Saison, weshalb das Wetter oft sein hässliches Gesicht zeigt. 1910 erreichten nur vier Fahrer das Ziel, und der Sieger, der Franzose Eugène Christophe, brauchte einen ganzen Monat, bevor seine Arme und Beine wieder vollständig genesen waren. Und klar, es ist ein italienisches Rennen, natürlich zeigte Fausto Coppi hier eines seiner Husarenstücke. 1946 griff er am Gipfel des Turchino an und fuhr 145 Kilometer allein bis ins Ziel auf der Via Roma – mit 14 Minuten Vorsprung. Umso erstaunlicher, als dass Coppi noch im Jahr zuvor in britischer Kriegsgefangenschaft gesessen hatte.

Aber ungeachtet der Streckenführung bleibt Mailand–Sanremo trotz alledem ein Rennen für die Kraftmeier und gehört einfach in den Palmarès eines jeden Sprinters.

**SCHON GEWUSST?** ▸ Mailand–Sanremo basiert auf einem Autorennen und sollte als Beweis dienen, dass es physisch möglich sei, dieselbe Distanz auch mit dem Fahrrad zu absolvieren.

**ANGEBERWISSEN** ▸ *Kein Fahrer hat das Rennen dreimal in Folge gewinnen können – Erik Zabel kam diesem Erfolg von 1997 bis 1999 noch am nächsten, als er zweimal Erster und einmal Zweiter wurde.*

MILAN SAN REMO

ANSTIEG

## MORTIROLO

**HÖHE IM ZIEL** ▸ 1852 Meter
**HÖHENMETER** ▸ 1300 Meter
**DURCHSCHNITTLICHE STEIGUNG** ▸ 10,5 Prozent
**MAXIMALE STEIGUNG** ▸ 18 Prozent
**LÄNGE DES ANSTIEGS** ▸ 12,4 Kilometer
**GEOGRAFISCHE LAGE** ▸ Dolomiten

Zusammen mit dem ebenfalls furchteinflößenden Stelvio ist der Mortirolo einer der Giganten der italienischen Pässe und seit 1990 regelmäßig im Programm des Giro. Acht Kilometer vor dem Ziel befindet sich ein Denkmal zu Ehren des ehemals größten Kletterers Italiens: Marco Pantani. Seit 2004 wird ein spezieller Preis für den Fahrer vergeben, der als Erster den Gipfel erreicht. Der *Cima Pantani* soll an Pantanis spektakulären Angriff am Fuß des Mortirolos beim Giro 1994 erinnern.

## MONUMENT

Jeder der großen fünf Klassiker trägt gleichzeitig auch den Titel »Monument«, wozu die ältesten und gefeiertesten Eintagesklassiker der Welt gehören (Auflistung siehe S. 27). Neben den Grand Tours (siehe S. 58) sind das die Rennen, die ein Fahrer in seinem palmarès (siehe S. 99) eingetragen sehen möchte.

## MOTO

Kurzbezeichnung für den Motorradfahrer und den Kameramann auf dem Sozius, die ihr Leben (und leider immer öfter auch das der Fahrer) riskieren, um Bilder vom Rennen zu liefern und die Profis mit Zwischenzeiten zu versorgen. Übrigens nicht zu verwechseln mit dem »Motoman«, der Lance Armstrong mit EPO und anderen Dopingmitteln versorgt hat.

## MUSETTE

**HERKUNFT UND BEDEUTUNG** ▸ Frankreich; Proviantbeutel

Sie kennen den Moment im Rennen, wenn die Fahrer etwas langsamer werden und Leib und Leben riskieren, um am Straßenrand von einem Helfer eine kleine Tasche zu ergattern? Diese kleinen Taschen nennt man *musettes* – kleine, leichte Stofftaschen mit dem Essen für die Fahrer. Aber was befindet sich in einer typischen *musette*? Baguettes und Süßgebäck aus frühen Tagen des Radsports sind verschwunden und durch Energieriegel und -gels, frisch gebackene Reiskuchen, Trockenobst, Bananen sowie Wasser und Energiedrinks ersetzt worden. Okay, eine Cola und ein Stück Obsttorte findet sich vielleicht noch … Genau wie die *bidons* sind *musettes* beliebte Souvenirs von der Rennstrecke.

# N WIE ...

## NATÜRLICHES BEDÜRFNIS

Wir haben uns ja immer schon gewundert, wie Rennradfahrer Hunderte Kilometer fahren können, über Stunden, ohne jemals auf Toilette zu müssen. Tatsache ist aber: Weder können sie so lange einhalten, noch tun sie es. Wenn die »Natur ruft«, dann geschieht dies meist, indem sich das Peloton arrangiert und ein Großteil sich am Straßenrand aufreiht, um eine Pinkelpause einzulegen, wo immer sich ein relativ geschützter Ort anbietet. Gelegentlich sieht man auch, wie die Athleten es während der Fahrt versuchen: Ein Teamkollege hilft mit Stützhand, während sie mit Hüftschwung aus einem Hosenbein schlüpfen und so Spritzer möglichst zu vermeiden suchen. Die Kameramänner sind meist freundlich oder prüde genug, nicht mit der Linse direkt draufzuhalten, und es gibt ein ungeschriebenes Gesetz, wonach ein Fahrer nicht angegriffen wird, wenn er kurz aus dem Sattel geht und austreten muss. Aber wie alle ungeschriebenen Gesetze werden sie regelmäßig gebrochen. Louison Bobet attackierte Charly Gaul während einer Pinkelpause beim Giro 1951 und schnappte sich so die Etappe. Gaul wurde fortan »Chéri Pipi« genannt. Und 2000 wurde Laurent Jalabert ratlos zurückgelassen, als eine Ausreißergruppe einen Vorteil aus seinem Bedürfnis zog. Die französische Presse titulierte es als »Pisspott-Affäre«, im Ergebnis verlor Jalabert sein Gelbes Trikot. Als letzten Ausweg kann man natürlich auch einfach »laufen lassen«. Leichter geht es, wenn man bergab fährt und nicht zu viel Wind von vorn drückt, dann erhöht sich die Chance, dass man halbwegs trocken bleibt. Nicht zu empfehlen allerdings, wenn Sie Beinlinge tragen ...

**SCHON GEWUSST?** Bei einem »großen Geschäft« empfiehlt sich eine Radkappe als »Auffangbehälter«.

**SCHON GEWUSST?** Die Topfahrerin Marijn de Vries hat eine Technik, die sie »Quick pee« nennt – maximale Erleichterung bei minimaler Entblößung.

**SCHON GEWUSST?** Bei der Tour wird »Urinieren in der Öffentlichkeit« mit einer Geldstrafe geahndet.

65
51
105
7

# NEFFATI, Ali

1913 fuhr ein 18 Jahre alter Tunesier die Tour de France – mit einem Fez als Kopfbekleidung. Und Neffati hatte einen feinen Sinn für Humor. Er sagte zu Henri Desgrange, der befürchtete, Neffati würde an besonders heißen und feuchten Tagen ziemlich leiden müssen: »Ach, Monsieur Desgrange, aber ich friere!« Nicht überraschend wurde der junge Tunesier zum Liebling des Pelotons. Er hätte überhaupt nicht an dem Rennen teilgenommen, hätte es nicht dem Wohl und der Glorie des tunesischen Sports dienen sollen: Boxer, Fechter und Bahnradfahrer organisierten für ihn eine Benefiz-Gala, und 16 Tage später stand er an der Startlinie in Paris, bereit, Geschichte zu schreiben. Neffati konnte die Tour niemals beenden – bei der 4. Etappe gab er auf, im Folgejahr musste er nach einer Kollision mit einem Tour-Fahrzeug auf der 8. Etappe aussteigen. Doch er konnte für sich eine lukrative Karriere als Bahnradfahrer in Frankreich, Italien und den USA starten. Ein *Chapeau!* oder besser *Fez!* für Ali Neffati!

# NICKNAME (SPITZNAME)

Jeder Fahrer, der sein Geld wert ist, hat einen Spitznamen. Sie bewegen sich von ziemlich geradeaus – wie »Wiggo« (Bradley Wiggins) – bis regelrecht bizarr, wie beim französischen Fahrer Jean Robic, der wechselweise als »Gelber Zwerg«, »Ziege«, »*Tête de Cuir*« (Lederkopf, nach einem alten Lederhelm, den er infolge eines Sturzes bei Paris–Roubaix trug, bei dem er sich einen Schädelbruch zuzog) sowie »Klabautermann aus dem Moor der Bretagne« bezeichnet wurde. Spitznamen entstehen meist im Zusammenhang mit körperlichen Merkmalen – Octave Lapize wurde »*Frisé*« gerufen (wegen seiner Locken) –, ihrer Leistungen – Roger De Vlaeminck war »Mr Paris–Roubaix« nach seinen dortigen Erfolgen – oder aber Insiderwitzen – Cadel Evans Spitzname war »*Cuddles*« (= kuscheln, Streicheleinheit) als Kontrast zu seinem notorisch kratzbürstigen Temperament im Rennen. Eddy Merckx war – kaum überraschend – »der Kannibale« für seinen ungezügelten Appetit auf das Siegerpodest.

Die Spitznamen der Kletterer reflektieren oft ihre Fähigkeit, einen Berg hinaufschnellen zu können – der »Adler von Toledo« (Federico Bahamontes), der »Engel der Berge« (Charly Gaul), der »Adler von Vizille« (Thierry Claveyrolat), der »Reiher« (Fausto Coppi). Die Sprinter vereinen eher Namen mit bubenhaftem Charme auf sich wie der »Alejet« (Alessandro Petacchi), der »TGV aus Taschkent« (Djamolidine Abdoujaparov), »Tornado Tom« (Tom Boonen) und der »Manx Missile« (Mark Cavendish). Die schwereren *Rouleure* haben Namen, die für die Fähigkeit stehen, jedes Hindernis zu überwinden – Tony Martin ist der »Panzerwagen«, Fabian Cancellara »Spartakus«, und Bram Tankink ganz einfach der »Tank« (engl. für Panzer).

Und dann gibt es natürlich noch die Tiere – Bernard Hinault war der »Dachs«, wahrscheinlich wegen seiner Grausamkeit im Wettkampf, Paolo Bettini die »Grille« wegen seiner schmächtigen Statur und Explosivität beim Angriff, Mario Cipollini der »König der Löwen« wegen seiner Art, auf dem Weg ins Ziel zu brüllen. Und viele, viele spanische Fahrer haben den Zusatz »Floh« erhalten. Vergessen werden dürfen natürlich auch nicht die Berufe, die die Fahrer innehatten, bevor sie Profis wurden – Luis Herrera war der »kleine Gärtner«, Maurice Garin der »kleine Schornsteinfeger« und Ottavio Bottecchia der »Maurer von Friuli«.

**SCHON GEWUSST?** ► Der kolumbianische Kletterspezialist Roberto Buitrago hatte nicht nur den Spitznamen »Vögelchen«, auch sein Teamfahrzeug hieß – »Vogelkäfig«.

# O WIE ...

## OMNIUM

Das Omnium ist ein Wettbewerb im Bahnradsport, bei dem diverse Disziplinen gefahren werden müssen. Wer hier erfolgreich sein will, muss die Fähigkeiten eines Allrounders mitbringen. Der Gewinner braucht eine hohe Endgeschwindigkeit, Kraft, Ausdauer und muss sich im Sprint und Zeitfahren beweisen können; außerdem sind taktische Fähigkeiten nicht von Nachteil. Das Omnium hat sowohl bei den Männern als auch bei den Frauen die Einzelverfolgung, das Punkterennen sowie das Madison bei den Olympischen Spielen 2012 ersetzt. Die sechs Einzeldisziplinen setzen sich zusammen aus:

■ **250 m fliegendes Zeitfahren:** Die Fahrer nehmen am oberen Rand der Bahn Geschwindigkeit auf, sausen dann hinunter und holen auf 250 Metern alles aus sich heraus. Die beste Zeit gewinnt.

■ **Punktefahren:** ein Langdistanzrennen, bei dem alle zehn Runden ein Sprint ansteht. Die ersten vier Fahrer erhalten 5, 3, 2, und 1 Punkt, der Fahrer mit den meisten Punkten im Finish gewinnt. Der stärkste – oder cleverste – Fahrer kann bis zu 20 Punkte einstreichen.

■ **Ausscheidungsfahren:** Den Letzten beißen die Hunde. Am Ende jeder Runde oder einer bestimmten Rundenzahl scheidet der letzte Fahrer, der die Linie überfährt, aus. Tschüss.

■ **Einzelverfolgung:** (siehe S. 112) für Pursuit, Verfolgung.

■ **Scratch:** Alle Fahrer starten gleichzeitig, Sieger ist derjenige, der die Linie am Ende des Rennens als Erster überquert. Es gibt keine Punkte oder Zwischensprints, und es ist das Äquivalent auf der Bahn zum Straßenrennen – eines für die ausdauerstarken Fahrer.

■ **Zeitfahren:** siehe S. 132, Time Trail.

In jeder Disziplin erhält der Gewinner einen Punkt, zwei für den zweiten Platz, drei für den dritten usw. Der Sieger im Omnium ist also derjenige, der nach allen sechs Disziplinen die wenigsten Punkte auf dem Konto hat.

OMNIUM

# ON THE RIVET

**HERKUNFT UND BEDEUTUNG ►** Frankreich; Niete oder: sich die Lunge aus dem Leib fahren. Alte Ledersättel waren vorn noch vernietet, wenn man also wirklich alles gab, dann saß man tatsächlich mehr oder weniger nur noch auf dem »*rivet*«.

# OPPERMAN, Sir Hubert

»Oppy« Opperman war nicht der erste Australier, der an der Tour teilnahm – diese Ehre gebührt Donald Kirkham und Ivor »Snowy« Munro, die als 17. und 20. ins Ziel kamen. Er war auch nicht der erste, der das Gelbe Trikot trug oder sogar das Gesamtklassement gewinnen konnte – diese Ehre gebührt Phil »das Känguru« Anderson 1981 und Cadel Evans 2011 –, oder der, der eines der Monumente gewinnen konnte – das war Stuart O'Grady, als er 2007 als Erster die Ziellinie bei Paris–Roubaix überquerte. Aber ohne »Oppy« wäre Australien nicht die Radfahr-Nation heutiger Tage, mit dem sehr starken ProTour-Team Orica Greenedge und dessen Superstar Simon Gerrans, der als erster Australier Mailand–Sanremo (2012) und Lüttich–Bastogne–Lüttich (2014) gewinnen konnte.

Als außergewöhnlicher Ausdauerfahrer betrat Opperman die europäische Szene im Jahr 1928 und gewann den Bol d'Or, ein 24-Stunden-Rennen auf der Bahn. Obwohl er mehrere Defekte hatte und mit einem nicht passenden Fahrrad angetreten war, konnte er – mit einer gehörigen Portion Wut im Bauch – einen Rückstand von 20 Runden wieder aufholen und das Rennen gewinnen. Sofort danach stellte er einen neuen 1000-Kilometer-Rekord auf. Anschließend holte er einen beachtlichen 8. Platz bei Paris–Rennes, wurde sogar Dritter bei Paris–Brüssel, stand bei der Tour am Start, obwohl sein Team Ravat-Wonder nur mit vier Fahrern antrat. Opperman beschrieb die Erfahrung als »Albtraum«, mit Etappen, die im Dunkeln gestartet wurden und über Pässe führten, die eher Ziegenpfaden glichen und auf denen sich die Fahrer ohne Licht eher vortasteten als fuhren. Trotz alledem finishte er als 18. und drei Jahre später als 12. bei der *Grand Boucle*. 1931 wurde er zum beliebtesten Sportler in der Zeitschrift *L'Auto* gekürt, eine halbe Million französischer Leser hatte ihn gewählt, noch vor dem französischen Tennisstar Henri Cochet. Genauso populär in den Medien wie in der Öffentlichkeit, konstatierte der *Petit Parisien*, dass »Oppermans Ausdauer, die sich invers proportional zu seiner Größe und Statur verhält, ihm die Siege einträgt«, während *Le Journal* über ihn als »ein fabelhafter Dynamo menschlicher Energie« berichtete.

Oppy fuhr damit fort, eine ganze Reihe weiterer Weltrekorde bei Ausdauerwettbewerben aufzustellen, wurde Mitglied der Australischen Air Force und Militärpolizist, bevor er schließlich für seine Leistungen zum »High Commissioner of Malta« bzw. zum Ritter geschlagen wurde. In diesem Geist eines gelebten Lebens kann man den »Hubert Opperman Gran Fondo« oder den »Oppy Family Fun Ride« fahren: Wettkämpfe, die gewiss auf Oppermans Zustimmung treffen würden, der im hohen Alter von 91 Jahren bei einem Fahrradunfall starb.

Seiner Beharrlichkeit ist es zu verdanken, dass nach seiner Rückkehr im Anschluss an die Tour 1928 in Australien die französische Art, Rennen zu fahren, eingeführt wurde: freilaufende Räder, einzelne Schläuche, Luftpumpen, gut organisierte Teams und Kenntnis der Rennstrecke. Nur aus diesem Grund wurde Australien ein formidabler Global Player im internationalen Radsport.

**SCHON GEWUSST? ►** Im Verlauf des Bol d'Or 1928 lehnte Oppy es ab, die Bahn zum Pinkeln zu verlassen; also hatten die Gegner an seinem Hinterrad das Nachsehen.

# P WIE ...

## PELOTON

Als die Organisatoren der Tour de France 1909 die Entscheidung trafen, richtige Teams zuzulassen, ebneten sie unabsichtlich den Weg für ein ganz neues Radsportvokabular. Zunächst – wie sollte man einen großen Haufen Radfahrer nennen? Peloton ist ein alter französischer Ausdruck für »kleiner Ball«, wurde aber schnell mit einer kleinen Gruppe Soldaten bzw. einem Soldatentrupp gleichgesetzt. Wie konnte man besser die Fahrergruppe bezeichnen, die sich durch ein Rennen kämpft? Michael Barry sagte über seine Erfahrung im Peloton: »Das Peloton fliegt über die Straßen, und wir Fahrer hoffen stets, dass dieser Flow nicht gebrochen wird. Eine Wand aus Reifen und Körpern bedeutet, dass wir nicht vorausschauend fahren können, also müssen wir dem Peloton einfach vertrauen, dass es jedes Hindernis umgeht wie ein Fisch in einem Schwarm.« Wird dieser Flow gebrochen, tendiert das Peloton dazu, sich in einzelne Gruppen aufzuteilen: Das kann das Ergebnis von Wetteränderungen sein (siehe S. 41, Echelon), den Anforderungen eines Anstiegs (siehe S. 13, Autobus) oder den Hindernisse auf der Straße (siehe S. 27, Chute) geschuldet sein.

**SCHON GEWUSST?** ► Jeder Fahrer im Peloton macht während einer dreiwöchigen Rundfahrt im Durchschnitt von 324 000 (bei einer Kadenz von 60 U/min) bis hin zu 486 000 (bei 90 U/min) Pedalumdrehungen, wobei insgesamt ungefähr 800 Reifen verbraucht werden.

**ANGEBERWISSEN** ► *Wenn Sie 3500 Kilometer fahren, eine Strecke, die das Peloton ungefähr bei der Tour de France zurücklegt, dann produzieren Sie Schweiß für 39 Toilettenspülungen.*

# PACELINE (KREISEL)

Kreiseln zu lernen ist eine grundlegende Fähigkeit, um mit den Kameraden im Radsportverein oder einem professionellen Peloton mitfahren zu können. Man kann entweder in Einer- oder Zweierreihe kreiseln, doch das grundlegende Prinzip ist dasselbe: Ein Fahrer macht seinen Stint vorn im Wind, bevor er sich nach hinten zurückfallen lässt. Eine Einerreihe gleicht genau der Mannschaftsverfolgung, während eine Zweierreihe etwas komplizierter ist: Eine Reihe bewegt sich nur etwas langsamer als die zweite, der Führende der schnelleren Reihe schert aus an die Spitze der langsameren Reihe, während der letzte Fahrer der langsameren Reihe sich wieder in die schnellere eingliedert. Der sogenannte Belgische Kreisel ähnelt dabei von oben betrachtet einer rundlaufenden Kette. Das Großartige daran ist: Jeder Fahrer profitiert vom Vorteil des Draftings, sodass gerade auf langen Distanzen Energie gespart und sich schneller erholt werden kann.

# PALMARÈS

Dein *palmarès* sind deine Erfolge – deine Siege, Plätze auf dem Podium sowie unter den Top Ten. Palmarès stammt von dem Lateinischen *palma* und bezieht sich auf Palmenblätter, die einst als Symbol für Siege und Erfolg getragen wurden.

# PANACHE

Tja, wie beschreibt man das Unbeschreibliche? Für einen Italiener aus dem 16. Jahrhundert würde es ein auffälliger Federschmuck sein, der die Kopfbedeckung verziert. Edmond Rostands Theaterstück *Cyrano de Bergerac* machte die Idee vom Panache als einer Daseinsform populär: Mut und Tapferkeit im Angesicht des Todes, die Art und Weise, wie du kämpfst, ist wichtiger als Sieg oder Niederlage. Das *Oxford English Dictionary* definiert es etwas manieriert als »flamboyantes Selbstvertrauen in Stil und Manieren«. Im Radsport ist es Thomas Voeckler, der Lance Armstrong in den Pyrenäen die Stirn bietet, nur um kurzzeitig das Gelbe Trikot überstreifen zu dürfen. Es sind Claudio Chiappuccis einsame 192 Kilometer über den Croix de Fer, den Galibier und den Montgenèvre mit Sieg in Sestriere, eine Wiederholung des Kraftaktes seines Idols Fausto Coppi. Es ist der Handschlag zwischen zwei verzweifelten Fahrern einer Ausreißergruppe, kurz bevor sie vom Peloton geschluckt werden. Oder der treue Domestik, der einen wohlverdienten Sieg am Ende seiner Karriere einfahren darf. Es steckt in einem Sprintzug, der mit 70 Sachen unter der *Flamme rouge* hindurchbraust, oder einer schwindelerregenden Abfahrt, die sich vor den Fahrern in großen Höhen auftut. Es fließt direkt ein in das romantische Ideal, das der Radsport von sich selbst hat, bei dem ein einsamer Held sich der Übermacht des Pelotons widersetzt und einen famosen Sieg einfährt – oder bei dem Versuch grandios scheitert. Das Element des Risikos ist entscheidend für das Panache – jeden Augenblick kann der Fahrer stürzen, jede Anstrengung kann vergeblich sein. Also was ist Panache? Versteht man darunter einen Fahrer, der vor Kraft nur so strotzt und seine Gegner an die Wand fährt, wenn er am stärksten ist? Oder ist es ein Fahrer, der alles riskiert, der alles auf eine Karte setzt, auf einen konzentrierten, außergewöhnlichen Angriff – und alles gewinnen oder verlieren kann? Entscheiden Sie!

# PARACYCLING

Paracycling ist seit 1988 olympisch, als acht Straßendisziplinen (nur für männliche Athleten) in Seoul eingeführt wurden. Die Disziplinen auf der Bahn folgen acht Jahre später, allerdings für Männer und Frauen. Weitere große Events für die Behindertensportler sind die UCI-Paracycling-Weltmeisterschaften und der Weltcup im Paracycling. Der Sport ist zusammen mit anderen Radsportdisziplinen unter dem Dach der UCI integriert, die die 14 Kategorien für Männer und Frauen in vier Handicaps bzw. Gruppen eingeteilt hat: Blindheit bzw. starke Sehbehinderung, Lähmungen, Beeinträchtigungen im Bewegungsapparat und Handbiker.

Gegenwärtig existieren sieben Paracycling-Wettbewerbe für Männer und Frauen: Straßenrennen, Zeitfahren und Staffel im Handbiking (Straße) sowie Einzelverfolgung, 500 m und 1000 m Zeitfahren, Mannschafts- und Tandemsprint (Bahn). Beim Mannschaftssprint gibt es auch ein Mixed-Team, der Tandemsprint ist zurzeit allerdings eine reine Männerangelegenheit.

Prominente Vertreter ihrer Zunft sind die deutschen Paracycler, die regelmäßig Medaillen bei Weltmeisterschaften und Olympiaden abräumen können. Der italienische Rennfahrer Alex Zanardi verlor bei einem Unfall beide Beine und hat bei den Olympischen Spielen in London zweimal Gold im Handbiking geholt.

# PARCOURS

Der französische Begriff für die Rennstrecke kann sich auf die Route eines Eintagesrennens, die Etappe eines Rennens und die Gesamtstrecke als Ganzes beziehen.

# PANTANI, Marco

**GEBOREN** ▸ 13. Januar 1970, Cesena (Emilia-Romagna)
**GESTORBEN** ▸ 14. Februar 2004, Rimini
**NATIONALITÄT** ▸ italienisch
**AKTIVE ZEIT ALS PROFI** ▸ 1992 bis 2003
**FAHRERTYP** ▸ Kletterspezialist, der beste seiner Zeit, vielleicht der beste aller Zeiten
**SPITZNAME** ▸ Il Pirata (der Pirat), Diabolini (der kleine Teufel, nach Claudio Chiappucci), Elefantino und Dumbo (wegen seiner abstehenden Ohren – diesen Spitznamen gab Lance Armstrong Pantani nach ihrem Duell auf dem Mont Ventoux und begründete eine lebenslange Fehde zwischen den beiden)
**GRÖSSTE ERFOLGE** ▸ 2x bester Jungprofi Tour de France (1994, 1995), Tour de France und Giro d'Italia (1998), Bergwertung Giro d'Italia (1998)
**GRÖSSTER RIVALE** ▸ Lance Armstrong

Marco Pantanis einsamer Tod in einem Hotel in Rimini entzauberte eine große Karriere, die sich auf Höhenflüge begeben hatte, so hoch wie die von ihm geliebten Berge.

Der Erfolg stellte sich sehr schnell beim Italiener ein, ein dritter und zweiter Platz beim Girobio 1990 und 1991 brachten ihm im Folgejahr den ersten Profikontrakt ein. Mit 22 wurde er vom berühmten italienischen Team Carrera unter Vertrag genommen, er dankte es mit beeindruckenden Ergebnissen. 1994 wurde er Zweiter beim Giro d'Italia und gewann bei der Tour de France als Dritter das Trikot des besten Nachwuchsfahrers. Doch im Jahr 1995 kamen die Rückschläge. Erst musste er beim Giro nach einem Sturz aufgeben, und bei Mailand–Turin war er in einen Unfall verwickelt, der für andere Fahrer sicher das Ende der Karriere bedeutet hätte. Pantani wurde frontal von einem Jeep angefahren, sein Wadenbein war gleich mehrfach gebrochen. 19 Monate später gewann er Alpe d'Huez zum ersten Mal, in einer Zeit, für die er immer noch den Rekord hält.

Pantanis Karriere lässt sich am besten umschreiben, indem man sie in Beziehung zu zwei anderen Größen des Radsports setzt – zu dem »Engel der Berge« Charly Gaul und dem »großen Dämon« im Peloton, Lance Armstrong.

Dank seiner schmächtigen Statur verfügte Pantani über Qualitäten, die einen perfekten Kletterer ausmachen. Pantani und Gaul wurden enge Freunde, nachdem der Tour-Gewinner von 1958 – der seit dem Ende seiner Karriere 1965 ein Einsiedlerdasein in den Ardennen führte – den Wunsch geäußert hatte, einmal den »Pirat« treffen zu dürfen, so beeindruckt war er von Pantanis Leistung bei der Tour 1994. Gaul reiste 1995 zu Pantani, und Pantani gewann sogar im Stile des »Engels der Berge« eine der schweren Tour-Etappen 1998, als er 50 Kilometer vor dem Ziel am Galibier angriff und durch Nebel und Regen zum Sieg fuhr, genauso wie es Gaul 1958 auf seinem Weg zum Tour-Sieg bei seiner Attacke am Col de Luitel getan hatte. Die beiden ähnelten sich darüber hinaus in ihrer Größe, ihrem Fahrstil und in ihrem Temperament: Sie waren anfällig für Stimmungswechsel, die an Paranoia grenzten und die sie mit stählerner Entschlossenheit zu überwinden suchten, wenn sie etwas als unfair und ungerecht empfanden. Gaul blieb seinem Freund bis zum Schluss treu, trotz der Dopinganschuldigungen, die Pantanis Karriere ab 1999 begleiteten, und gehörte zu den 20 000 Trauergästen bei Pantanis Beerdigung in Cesenatico.

FORTSETZUNG SIEHE FOLGESEITE ▸

IL PIRATA

Seine Rivalität zu Armstrong entstand auf den Kehren hoch zum Mont Ventoux. Nach einem epischen Kampf behauptete Armstrong, er habe Pantani den Etappensieg geschenkt. Der Italiener war außer sich vor Wut. Er gewann bei der Ausgabe noch eine andere Etappe: Nach einem unglaublichen Solo hoch zum Gipfel des Courchevel in den Alpen, bei dem er all seine Wut und seinen Gerechtigkeitssinn in die Attacke fünf Kilometer vor dem Ziel steckte und Armstrong stehen ließ. Dieser Sieg sollte sein letzter als Profi sein, im Ziel hatte er immerhin 51 Sekunden Vorsprung vor dem Texaner.

Pantani hielt sich nicht mit versteckten Anschuldigungen gegenüber seinem Gegenspieler zurück, er meldete Zweifel an der wundersamen Entwicklung vom Krebsüberlebenden hin zum alles beherrschenden Tour-Helden an. Trotz dieser Warnungen saß Pantani selbst im Glashaus – Nachuntersuchungen von Proben der Tour 1998 ergaben, dass Pantani während des Rennens EPO benutzt hatte.

Aber der Pirat befand sich schon in einer unaufhaltsamen Abwärtsspirale, die ihren Ausgang mit der Disqualifikation beim Giro d'Italia in Madonna di Campiglio am 5. Juni 1999 nahm. Sein Hämatokrit-Wert betrug 52 Prozent. Obwohl der Rückzug eines Fahrers wegen eines erhöhten Hämatokrit-Wertes (die Grenze war von der UCI auf 50 Prozent festgelegt worden) als Maßnahme zum Schutz des Sportlers bezeichnet wurde, galt es allgemein als klares Indiz für ein Dopingvergehen. Je höher der Wert, desto höher die Anzahl der roten Blutkörperchen im Blut. Pantani beteuerte seine Unschuld, aber der Schaden war angerichtet. Der Abstieg begann: Erst verfiel er dem Kokain, dann kämpfte er einen einsamen, langen Kampf gegen »das System«. Was Lance Armstrong nach seinem Geständnis in der Oprah-Winfrey-Show erlebt, hat Pantani die letzten fünf Jahre seines Lebens mitgemacht – das unweigerliche Gefühl, dass er als Sündenbock für die Taten einer ganzen Generation herhalten musste.

Er kritzelte seine Gedanken an die Wände seiner Wohnung, seine Fragilität mündete in Depression und Abhängigkeit.

Warum also wird Pantani noch immer verehrt, während andere wie Virenque oder Armstrong verschmäht werden, wenn doch alle Teil dieses Systems waren? Es gibt ein Monument in seiner Heimatstadt, und Etappen bei der Tour und beim Giro sind ihm gewidmet. Vielleicht liegt es zum Teil daran, dass ein Champion so tief fallen konnte. Vielleicht liegt es am Schock, den sein frühzeitiger und tragischer Tod mit 34 in der Radsportwelt auslöste. Doch da ist auch seine Hinterlassenschaft, gebannt auf Fotos und Videos – der attackierende, überaus begnadete Kletterer, dessen Heldentaten auf den höchsten Pässen eine ganze Generation von Radsportfans begeistert haben und über den die *L'Equipe* einmal schrieb: »Pantani verkörperte den Radsport. Er war Radsport.«

**SCHON GEWUSST?** ▸ Pantanis Teamkollegen bei seinem Team Mercato Uno gingen eine Wette mit ihm ein: Wenn er die Tour gewönne, würden sie ihr Haar gelb färben. Pantani gewann, und die Mannschaft erblondete.

**ANGEBERWISSEN** ▸ *Pantani versuchte, so viel Gewicht wie möglich einzusparen, bevor er zum Angriff überging. Einfach alles war überflüssig, was ein paar Gramm extra einbrachte, sogar sein berühmtes Kopftuch und sein Ohrring.*

# PARIS–ROUBAIX

**ART DES RENNENS** ▸ Eintagesklassiker
**AUSTRAGUNGSORT** ▸ Frankreich
**SPITZNAME** ▸ Hölle des Nordens, König der Klassiker
**ZEITPUNKT** ▸ Frühling, am Sonntag nach der Flandern-Rundfahrt
**TERRAIN** ▸ Flach, mit Kopfsteinpflasterpassagen, eingeteilt nach Schwierigkeit von einem Stern (leicht) bis fünf Sterne (verrückt)
**MEHRFACHSIEGER** ▸ Roger De Vlaeminck und Tom Boonen haben jeweils fünfmal gewonnen
**MEISTE LÄNDER-SIEGE** ▸ Belgien, selbstredend
**GRÖSSTE MOMENTE** ▸ Bernard Hinault, der aufgrund purer Willenskraft den Sieg im Weltmeistertrikot 1981 trotz mehrfacher Stürze und Reifenpannen einfährt. Coppi, der 1951 zu einer Ausreißergruppe aufschließt, sich kurz erholt, eine Orange isst und angreift, um nach 100 Kilometer Solofahrt zu gewinnen (von den zwei Fahrern der Ausreißergruppe endete einer im Besenwagen, der andere beendete eine Woche später seine Karriere). Andrei Tchmil, der 1994 über 62 Kilometer ein Solo ins Ziel bringt. Johan Museeuw, der im Jahr 2000 gewinnen kann, zwei Jahre nach seinem schweren Unfall am Aarenberg, bei der er seine Kniescheibe zertrümmerte und beinahe sein Bein verloren hätte (als er die Ziellinie überfuhr, zeigte er auf seine vernarbte und ramponierte Kniescheibe). Steve Bauers endlose Wartezeit von über zehn Minuten im Jahr 1990, nur um mitgeteilt zu bekommen, dass er das Rennen um weniger als einen Zentimeter gegen Eddy Planckaert verloren hat (das engste Finish in der Geschichte des Rennens). Roger Lapébies Disqualifikation 1934, nachdem er das Rennen auf dem Rad eines Zuschauers gewonnen hatte (Radwechsel waren verboten). Tom Boonens fünfter Sieg nach einer Soloattacke von über 56 Kilometern.

Sie nennen es einen »Sonntag in der Hölle«, es gibt kein vergleichbares Rennen. »Bei anderen Rennen trinken wir Kaffee, schütteln die Hände, lachen auch mal«, so der bretonische Fahrer Guillaume Blot. »Aber morgens vor Paris–Roubaix spricht keiner. Es ist Krieg.« Und der Gewinner von 2011, Johan Vansummeren, fügt hinzu: »Wenn du keine Angst hast, dann bist du nicht bereit. Du musst dich wirklich zusammenreißen.« Theo de Rooij formuliert es vielleicht am besten: »Es ist ein Scheißrennen. Wir fahren wie die Tiere, haben nicht mal Zeit zum Pinkeln, also lassen wir einfach laufen – es ist ein ganz großer Haufen Scheiße.« Aber wird er es wieder fahren? »Ja, natürlich – es ist ja das schönste Rennen der Welt!«

Die 27 staubigen, rauen Kopfsteinpflasterpassagen – also die Abschnitte mit den berüchtigten *pavés*, die so charakteristisch für das Rennen sind – teilen sich nach Schwierigkeitsgrad auf: in den mit einem Stern bewerteten Templeuve l'Épinette bis hoch zu der brutalen Fünf-Sterne-Gemeinheit des Carrefour de l'Arbre und des Trouée Arenberg, einem langen, heimtückischen Graben über Kopfsteinpflaster mitten durch einen Wald. Das sind nicht die glatten, runden, »normalen« Pflastersteine, die man von der Flandern-Rundfahrt kennt. Exakt diese grob geschlagenen Granitklumpen verleihen dem Rennen seinen einzigartigen Charakter.

Um sich die Knochen und Gelenke und inneren Organe durchschütteln zu lassen, um seinen Körper und das Rad für knapp sechs Stunden durch diese unwirtliche, windgeschüttelte Landschaft zu jagen, bis jede Faser des Körpers schreit und man sich übergeben möchte vor Erschöpfung, um letztendlich auf das

Kultstatus genießende Oval des Velodroms zu fahren und um den Sieg zu sprinten wie ein frischer Bahnradfahrer und nicht wie ein müder Kämpfer der Straße. Für all diese Strapazen erhält der Gewinner 30 000 Euro und darüber hinaus noch einen Pflasterstein. Dieser Granitklumpen, der von einer Maurerfamilie in Orchies geliefert wird, ist der Jules-Rimet-Pokal im Radsport. Als Andrea Tafi 1999 einen mitreißenden Sieg einfuhr, ließ er die Organisatoren wissen, dass der Pflasterstein als Grundstein für sein neues Haus dienen würde. Diese ließen sich nicht lumpen und stellten ihm einen neuen für seine Pokalsammlung zur Verfügung.

Die letzte Station für diejenigen, die es geschafft haben, bis zum Ende durchzuhalten beim König der Klassiker, ist die Dusche im Velodrom von Roubaix. Wenn der Schmutz und Schmerz eines Tages in der Hölle des Nordens in den Abfluss gespült werden, wird jeder Fahrer das Rennen noch mal vor dem inneren Auge abspulen in diesen einfachen Duschkabinen, schulterhoch, von der jede eine Messingplatte mit dem Namen eines Gewinners trägt. Sie sind das ultimative Ziel nach dem Höllenritt von Compiègne nach Roubaix. »In Roubaix unter der Dusche«, sagte Tom Boonen 2004, nachdem er Neunter hinter Magnus Bäckstedt geworden war, »beginnt tatsächlich die Vorbereitung auf das kommende Jahr.« Wie um seinen Worten Nachdruck zu verleihen, gewann er das Rennen ein Jahr später.

**ANGEBERWISSEN ▸** *Die Kopfsteinpflasterpassagen werden gepflegt von den »Amis de Paris–Roubaix«. Dank ihnen führt die Strecke nach wie vor über Straßen aus der Zeit Napoleons.*

# PATRON

In anderen Sportarten mag es dominante Persönlichkeiten geben, große Stars, aber in keinem anderen findet man einen Patron. Er ist der Boss im Peloton – derjenige, der entscheidet, welcher Fahrer angreifen darf und wann, der mit den Rennveranstaltern die Verhandlungen führt und für die Rechte der Fahrer eintritt. Bernard Hinault sagte einst die berühmten Worte, dass »es heute keine Attacken gibt, weil morgen eine schwierige Etappe ansteht«, und fuhr persönlich jeden Fahrer in Grund und Boden, der sein Diktum missachtete. Der Patron übt die absolute Kontrolle über das Rennen aus und verlangt – und erhält – Respekt. Fahrer wie Fabian Cancellara und Bradley Wiggins haben teils wie ein Patron agiert, um einige Etappen bei der Tour de France zu neutralisieren. Aber nicht jeder Träger des Gelben Trikots möchte die Verantwortung haben, die der mächtige Job des Patrons mit sich bringt. Manche geben sich auch einfach damit zufrieden, das Rennen zu gewinnen.

# PAVÉ

Pavé ist das französische Wort für Pflasterstein. Kopfsteinpflaster geben der Flandern-Rundfahrt und Paris–Roubaix ihren speziellen Charakter, wenn sie die Knochen der Fahrer auf über 200 Kilometern durchschütteln. Während die Pflastersteine in Flandern etwas kleiner, glatter und besser gelegt sind, stechen die Steine von Paris–Roubaix größer, rauer und viel unebener aus dem Boden heraus – der Untergrund besteht aus Sand. Sie bewegen sich unter den Füßen oder Reifen und sehen aus, als wären sie aus einem Hubschrauber abgeworfen und von einem großen Kind mit einem Spaten dort platziert worden. Und sie sind sehr heimtückisch – eine spiegelglatte Fläche, wenn es geregnet hat, Schlaglöcher, wenn es trocken ist. Die Spezialisten stimmen darin überein, dass der beste Platz auf dem Kopfsteinpflaster der Straßenrand ist. Es ist leichter, in der Gosse zu fahren, auch wenn dort Schlaglöcher sowie scharfe Steinchen lauern und Reifenpannen drohen. Die Grundregeln für die Fahrt über die *pavés* sind: Reifendruck niedrig halten, den Körper entspannen (die Hände am Lenker dürfen nicht verkrampfen) und genießen. Und immer dran denken: Irgendwann ist auch dieser Abschnitt wieder vorbei.

**SCHON GEWUSST?** ► Die Pflastersteine bei der Flandern-Rundfahrt werden liebevoll *kinderkoppen*, also Kindsköpfe genannt.

# PEDALE

Die Pedale ist verbunden mit dem Kurbelarm, der wiederum mit dem Kettenblatt verbunden ist, das wiederum das Hinterrad über die Kette antreibt. Ein Tritt auf die Pedale, und los geht's. Ein gleichmäßiger Tritt (sogenannter »runder« Tritt) wird allgemein bewundert. Die Franzosen haben ebenfalls einen Begriff dafür: *souplesse* (dt. Geschmeidigkeit). Damit ist gemeint, nicht wie ein Kraftmeier auf die Pedale einzutreten (wie Jan Ullrich früher in den Bergen), sondern ganz rund zu treten und mit höchster Effizienz die Kraft gleichmäßig auf die Pedale zu bringen.

Einer der elegantesten Fahrer und Vertreter des *souplesse* war Hugo Koblet, ein Schweizer, dessen Stil so schön anzusehen war, dass er ihm den Spitznamen *Pedaleur de Charme* eintrug. Bei einem der größten Husarenritte (siehe S. 42), die die Tour je erlebt hat, attackierte Koblet 1951 auf der scheinbar harmlosen Etappe zwischen Brive und Agen – bei noch 135 Kilometern bis zum Ziel. Der Schweizer setzte sich von seinen Verfolgern ab und hielt mit perfekter Effizienz einen zweiminütigen Vorsprung bis ins Ziel. Wenn man bedenkt, dass

FORTSETZUNG AUF SEITE 108 ►

sich in der Verfolgergruppe Fausto Coppi, Louison Bobet (erster Dreifachsieger in Folge bei der Tour), Gino Bartali, Fiorenzo Magni (Giro-Gewinner 1948, 1951 und 1955), Raphaël Géminiani (bester Bergfahrer bei Tour und Giro 1951), Stan Ockers (Gewinner des Grünen Trikots 1955 und 1956) und Jean Robic (Tour-Sieger 1947) befanden, bekommt man ein Gefühl dafür, wie außergewöhnlich diese Leistung war. Aber Koblet bewahrte sich den *coup de grâce* für die Ziellinie auf – er zog einen kleinen, feuchten Schwamm aus der Trikottasche, wusch sich sein Gesicht, kämmte sein Haar, stieg in aller Seelenruhe ab und drückte die Stoppuhr ... Was für ein *pedaleur*!

**SCHON GEWUSST?** ▸ Koblet litt schrecklich unter Hämorrhoiden. Ein Arzt verschrieb ihm eine Creme mit einem speziellen Zusatzwirkstoff: Kokain. Kein Wunder, dass der Schweizer quasi ins Ziel flog ...

# PEDALLING SQUARES (PLATZEN)

Ist ein Fahrer völlig erschöpft, dann platzt er, ihm schlafen die Füße ein, die Oberschenkel wollen nicht mehr, er fliegt in die Luft, geht parken, trifft auf den Mann mit dem Hammer. Das Ergebnis ist immer das Gleiche – aus einer edlen Bewegung wird ein wüstes Gewürge. Die Engländer sagen dazu *pedalling squares*, es sieht aus, als trete man quasi viereckig anstatt schön rund und gleichmäßig in die Pedale. Oftmals lässt es sich auch an sehr steilen Rampen beobachten, wenn die Fahrer um jeden Meter kämpfen müssen und den Berg quasi hocheiern.

# PENDLETON, Victoria

**GEBOREN** ▸ 24. September 1980, Stotfold
**NATIONALITÄT** ▸ britisch
**AKTIVE ZEIT ALS PROFI** ▸ 1999 bis 2012
**FAHRERTYP** ▸ Sprintspezialistin auf der Bahn
**SPITZNAME** ▸ Queen Victoria
**GRÖSSTE ERFOLGE** ▸ 2x olympisches Gold (2008, 2012), 9x Weltmeisterin (2005, 2007–2010, 2012), 2x Europameisterin (2011), 1x Gold bei dem Commonwealth Games (2006)
**GRÖSSTE RIVALIN** ▸ Anna Meares

Victoria Pendleton ist die erfolgreichste britische Olympionikin, mit zwei Goldmedaillen und einer Silbermedaille in Peking und London. Als Sprinterin auf der Bahn dominierte sie den Sprint und Keirin-Disziplinen über acht Jahre, wobei sie dreimal hintereinander im Sprint Weltmeisterin werden konnte (von insgesamt 6 Titeln). Ihr Talent wurde mit 16 entdeckt, bei Sprintrennen auf Rasenbahnen, doch sie entschied sich zunächst für ein Studium. Jason Queallys Erfolge aber beeindruckten sie so stark, dass sie ernsthaft mit dem Training begann und zwei Jahre im World Cycling Center in Aigle (Schweiz) verbrachte. Sie gehört zu den Erfolgsgeschichten des britischen Förderprogramms für Radfahrer und schrieb Geschichte, als sie 2007 völlig überraschend drei Weltmeistertitel auf Mallorca gewann – im Sprint, Mannschaftssprint und Keirin.

Ihre Karriere ist gekennzeichnet durch ihre Rivalität zu Anna Meares. Beide sind nur knapp 1,70 groß, doch Pendleton war der Ingegriff von Eleganz auf dem Rad im Gegensatz zu der kämpferischen, stämmigen Australierin. Pendleton charakterisierte ihre Gegnerin als jemanden, der die »Grenzen verschiebt«, und ihre Kopf-an-Kopf-Rennen begeisterten Zuschauer auf der ganzen Welt. Von den Spielen in Athen bis London lieferten sie sich einen Kampf wie zwei Schwergewichtsboxer, wobei es niemals härter zuging als im Halbfinale bei den Weltmeisterschaften in Melbourne. Pendleton touchierte Meares und stürzte, beim zweiten Aufeinandertreffen wurde Meares disqualifiziert, weil sie die Linie überfahren hatte. Beim dritten schließlich holte sich Pendleton den Sieg in einem unfassbar engen Foto-Finish, die Britin gewann ihren neunten – und letzten – Weltmeistertitel. Bei ihrem letzten Auftritt im Velodrom bei den Olympischen Spielen 2012 in London gewann sie unangefochten den Keirin, verlor aber den Sprint gegen Meares und sagte im Anschluss dem Profisport tränenreich Adieu.

Pendleton hat einen Bachelor in Sport- und Trainingswissenschaften, ihr wurde ein Ehrendoktor verliehen, zudem ist sie Trägerin des »Order of the British Empire« für ihre Verdienste rund um den Radsport. Darüber hinaus hat sie als Koautorin ein Buch über ihre Karriere verfasst und eine eigene Radmarke entwickelt. Sie machte mit ihren goldenen Beinen auch beim englischen Pendant zu »Let's Dance« im Samba, Walzer und Cha-Cha-Cha eine gute Figur. Sie hat nicht einen, sondern zwei goldene Briefkästen, die an ihre Leistungen bei Olympia erinnern.

**ANGEBERWISSEN** ▸ *Zu ihrem 30. Geburtstag ließ sie sich »Today is the greatest day I've ever known« (dt. »Heute ist der beste Tag meines Lebens«) – ein Zitat aus einem Song von den Smashing Pumpkins – auf den Arm tätowieren.*

# PODIUM

Das Podium ist die Bühne für die Trikotpräsentationen nach dem Rennen. Es bezeichnet aber auch den Sieger sowie Zweit- plus Drittplatzierten in einem Wettkampf, daher rührt der Ausdruck »aufs Podium fahren«.

# PODIUM GIRLS (HOSTESSEN)

Die Hostess ist entweder der feminine Stachel in der Bastion des nahezu reinen Männersports oder ganz simpel ein sexistischer Anachronismus im 21. Jahrhundert. Hostessen – oder auch Podium Girls – tragen nicht nur die Verantwortung dafür, dass die Tagessieger ihr Trikot sowie zwei Küsschen rechts und links auf die Wange bekommen, sie müssen sich auch um Sponsoren und VIPs kümmern, Partys veranstalten und weitere Aufgaben in der Öffentlichkeitsarbeit übernehmen. Immer einsatzbereit, perfekt gestylt, allzeit lächelnd, von morgens bis abends trägt die Hostess dazu bei, dass das Getriebe der größten Radsportereignisse wie geschmiert läuft.

Einst wurden sie aus der weiblichen Bevölkerung des Zielortes auserkoren, einzige Voraussetzungen waren: Sie sollten unter 30 sein und den Fahrer (die ja in der Regel recht klein sind) nicht wie einen Zwerg aussehen lassen; heutzutage müssen die Hostessen neben gutem Aussehen Ausdauer, Persönlichkeit und Vielsprachigkeit mitbringen. Manche bewerben sich in Eigenregie, doch die meisten kommen von Model-Agenturen und bringen Veranstaltungs-Erfahrungen mit. Von ungefähr 500 hoffnungsvollen Damen werden letztendlich vier ausgewählt, die den prestigeträchtigsten Job machen dürfen – die Präsentation des Gelben Trikots. Und all das nur, um einmal von Peter Sagan in den Hintern gekniffen zu werden, wie es Maja Leye 2013 auf dem Podium bei der Flandern-Rundfahrt widerfuhr (der Slowake beeilte sich, sich für sein Verhalten zu entschuldigen).

**SCHON GEWUSST?** ► Sich mit Fahrern einzulassen gilt als absolutes Tabu – aber es hielt Melanie Simonneau nicht davon ab, sich lieber für George Hincapie als für eine Karriere als Hostess zu entscheiden. Nachdem sie sich während der Tour 2003 Textnachrichten gesendet hatten, fanden sie zueinander, heirateten und haben mittlerweile zwei Kinder. »Im Grunde genommen habe ich sie durch ganz Frankreich verfolgt«, gab der Fahrer zu.

**ANGEBERWISSEN** ► *Das Frauenrennen La Course greift auf männliche Hostessen zurück – entweder Legitimation eines wirklich altmodischen Konzepts oder einfach ein Geniestreich.*

# POURSUIVANT

Wer regelmäßig die Tour im Fernsehen verfolgt, weiß, dass damit der oder die Verfolger der Spitzengruppe gemeint sind. Auf Italienisch *inseguitore*, auf Niederländisch *achtervolger*, auf Spanisch *perseguidor* bezeichnet es allerdings oftmals nicht das Peloton hinter einer Ausreißergruppe, sondern den oder die Fahrer zwischen Spitze und Hauptfeld.

# PROLOG

Der Prolog ist ein kurzes Einzelzeitfahren – nicht länger als acht Kilometer –, das die Ouvertüre zu einem Etappenrennen bildet. Für wirkliche Spezialisten bietet sich hier die Gelegenheit zu zeigen, was sie können, und die Klassementfahrer können vielleicht einige Sekunden auf ihre Konkurrenten gutmachen bzw. versuchen, nicht zu viel zu verlieren, falls es sich um reine Kletterziegen handelt.

# PUNCHEUR

**HERKUNFT UND BEDEUTUNG ▸** Frankreich; Etappenjäger
Wie der Name es schon sagt, besitzt ein solcher Fahrer einen tödlichen Punch. Spezialisiert auf hügeliges Terrain mit kurzen kleinen Anstiegen, klettert er der Meute davon, fühlt sich also bei den Klassikern am wohlsten, aber verfügt nicht über das Stehvermögen, das es bei den langen Anstiegen in den Bergen braucht.

# PURSUIT (VERFOLGUNG)

Es ist ziemlich einfach: Zwei Fahrer – oder Teams – starten auf der gegenüberliegenden Seite der Bahn und fahren so schnell sie können, um die bestmögliche Zeit auf 4000 Metern herauszufahren (die UCI gibt für Männer und Frauen seit 2014 dieselbe Strecke vor). Unten bleibend auf der »Verfolgerlinie« wird maximale Geschwindigkeit aufgenommen, das ultimative Ziel lautet, den vorausfahrenden Fahrer einzuholen. Wenn dies geschieht, ist das Rennen vorbei – doch Fahrer entscheiden sich oft dafür, über die volle Distanz zu gehen, um eine gute Qualifikationszeit zu erzielen oder in einem Finale den Rekord zu brechen. Die beiden schnellsten Einzelverfolger oder Mannschaften fahren dann im Finale den Sieger unter sich aus.

Geht es bei der Einzelverfolgung nur um maximale Geschwindigkeit, tritt bei der Mannschaftsverfolgung das Element der gut aufeinander abgestimmten Teams hinzu. Je besser die vier Fahrer miteinander harmonieren und möglichst glatt die Positionen wechseln, desto besser wird die Zeit. Das sieht dann ungefähr wie folgt aus: Der erste Fahrer fährt eineinviertel Runden so schnell es geht und bricht dann – wenn die Ermüdung einsetzt – nach oben zu den Rängen aus. Der zweite Fahrer fährt nun vorn im Wind, während der erste sich wieder an der vierten Position eingliedert. Die vier Fahrer wiederholen diese Kettenreaktion – ausscheren und eingliedern – über exakt 16 Runden.

Die Zeit wird genommen, wenn das Vorderrad des dritten Fahrers über die Ziellinie fährt, weshalb ein Fahrer oftmals auf dem letzten Kilometer alles gibt, bevor er rausgeht und die Teamkollegen das Rennen zu dritt zu Ende fahren. Es ist wirklich ein Genuss, sich die Performance anzuschauen, und eine gut eingespielte Mannschaft kann Geschwindigkeiten von bis zu 64 km/h erreichen.

Ehemals Teil des olympischen Programms, wurde die Einzelverfolgung 2012 gestrichen, bleibt aber als Teildisziplin im Omnium (siehe S. 95) erhalten. Weltmeisterschaften in der Einzel- sowie Mannschaftsverfolgung werden dagegen noch immer ausgetragen.

# Q WIE …

## QUEEN STAGE (KÖNIGS-ETAPPE)

Im Französischen *étape reine*, im Italienischen *il tappone*. Darunter versteht man die längste bzw. schwerste Bergetappe bei jeder großen Rundfahrt – diejenige mit den höchsten Gipfeln und den schwierigsten Anstiegen. Meist als schwerste Etappe des Rennens gedacht, kommt es manchmal ganz anders: Unfälle und andere Zwischenfälle können bei den harmlosesten Etappen ganze Rennentscheidungen nach sich ziehen. Während die Königsetappe, die auf dem Papier ein Profil wie das Maul eines Haifisches hat, ein absoluter Reinfall werden kann, wenn die Favoriten entscheiden, an dem Tag nicht gegeneinander zu fahren, oder sich neutralisieren.

## QUICK RELEASE (SCHNELLSPANNER)

Der Schnellspanner erlaubt dem Fahrer – oder dem Mechaniker – einen schnellen und leichten Reifenwechsel.

Man erzählt sich die Geschichte, dass Tullio Campagnolo – Gründer der gleichnamigen Komponentenschmiede für Fahrräder – 1924 beim *Gran Premio della Vittoria* mitfuhr, einem Straßenrennen. Auf dem beängstigend schweren Anstieg hoch zum Croce d'Aune in den Dolomiten war Campagnolo gezwungen, sein Hinterrad mitten in einem Schneesturm abzunehmen und wieder zu montieren (siehe S. 31 für Derailleur). Er fummelte mit eisigen Fingern an den Flügelmuttern herum und verlor wichtige Zeit, weil er nicht in der Lage war, den Reifen ohne Schwierigkeiten und zügig vom Rahmen zu bekommen. Daraufhin soll er gesagt haben: *»Bisogna cambiar qualcossa de drio!«* – Da muss sich hinten etwas ändern. Also machte er sich an die Arbeit und ließ sich schließlich den Prototyp eines Schnellspanners – heute Standard bei Rennrädern – in den frühen 30er-Jahren patentieren.

# QUINTANA, Nairo

**GEBOREN** ▸ 4. Februar 1990, Tunja, Boyacá, Kolumbien
**NATIONALITÄT** ▸ kolumbianisch
**AKTIVE ZEIT ALS PROFI** ▸ seit 2009
**FAHRERTYP** ▸ Allrounder, besonders stark am Berg
**SPITZNAME** ▸ Die italienische *Gazzetta dello Sport* hat ihn *El Condor* getauft, sehr beliebt für kolumbianische Fahrer; darüber hinaus *El Negro* (eine liebevolle Bezeichnung in Kolumbien) und Naironman. Aber er wird am ehesten »Nairo« genannt, so wie Luis »Lucho« Herrera einfach nur »Lucho« war
**GRÖSSTE ERFOLGE** ▸ 1x Giro d'Italia und bester Jungprofi (2014), 1x Tour de France bester Bergfahrer und bester Jungprofi (2015), Tour de l'Avenir (2010), Vuelta a España (2016)
**GRÖSSTE RIVALEN** ▸ Chris Froome, Alberto Contador

Nairo Quintana betrat die Weltbühne des Radsports im Alter von 20 Jahren, als er die Tour de l'Avenir (dt. die Tour der Zukunft) gewann, ein Rennen in Frankreich, bei dem sich die großen Rundfahrtspezialisten der Zukunft erste Sporen verdienen können. Zu den Gewinnern gehören so illustre Namen wie der dreifache Tour-de-France-Sieger Greg LeMond und sein Rivale und zweifacher Tour-Sieger Laurent Fignon.

Quintana wuchs in Armut auf, aber seine Eltern kratzten alles Geld zusammen und kauften ihm ein gebrauchtes Mountainbike, sodass er die 16 Kilometer zur Schule mit dem Rad zurücklegen konnte. Als er 2012 beim spanischen Movistar-Team unterschrieb, explodierte seine Karriere mit Siegen bei kleineren Rundfahrten wie der Route du Sud (2012) und der Baskenlandrundfahrt (2013), außerdem gewann er das Weiße Trikot sowie das Gepunktete Trikot bei seinem Debüt bei der Tour de France, bei dem er sich nur Chris Froome in der Gesamtwertung geschlagen geben musste. Doch Quintanas Sieg beim Giro d'Italia 2014 – gleich bei seiner ersten Teilnahme – machte klar, dass hier ein Riesentalent am Start war. Plötzlich war der kolumbianische Radsport wieder in den Fokus der Radsportfans gerückt.

Quintana ist nicht der erste Kolumbianer, dem ein Sieg bei einer großen Rundfahrt geglückt ist – dieses Kunststück gelang 1987 bei der Vuelta a España Luis Herrera, als kolumbianische Fahrer zum ersten Mal die internationale Szene betraten. Aber die Fahrer aus Südamerika konnten nie Kapital aus ihren außergewöhnlichen Kletterfähigkeiten schlagen. Herrera konnte immerhin 1984 eine Etappe nach Alpe d'Huez gewinnen, aber die neue Generation von Fahrern wie Quintana, Rigoberto Urán oder Carlos Betancur haben endlich den Beweis angetreten, dass südamerikanische Fahrer über die komplette Palette an Fähigkeiten verfügen, um die großen Rennen im Radsport zu gewinnen.

Im August 2013 wurde Quintana vom kolumbianischen Präsidenten mit dem Orden von Boyacá für seine Leistungen bei der Tour 2013 geehrt. Eigentlich ein militärischer Orden, kann diese Auszeichnung auch an kolumbianische Zivilpersonen vergeben werden, die Außergewöhnliches geleistet haben.

**ANGEBERWISSEN** ▸ *In Quintanas Kindheit lag sein Haus an einem achtprozentigen Anstieg. Statt ihm ein Gepunktetes Trikot zu schenken, wickelten sie ihn in eine* ruana *(ein kolumbianischer Poncho – Boyacá ist bekannt für kühle Temperaturen).*

# R WIE …

## REGENBOGEN-TRIKOT

Jeder Fahrer träumt einmal davon, dass er eines Tages das Regenbogentrikot des Weltmeisters überstreifen darf, das dazu berechtigt, es ein Jahr lang zu tragen. Der Straßenweltmeister darf das Regenbogentrikot bei jedem Rennen anziehen, an dem er teilnimmt, außer er hat das Trikot des Gesamtführenden inne. Der Weltmeister im Zeitfahren darf es nur tragen, wenn er gegen die Uhr fährt. Aber ein Weltmeister hat ebenfalls das Recht erworben, dass sein Team am Nacken und an den Handgelenken des Mannschaftstrikots mit Regenbogenfarben fährt. Manche Fahrer erleben nach dem Gewinn der Weltmeisterschaft eine desaströse Saison, besser bekannt als »Fluch des Regenbogentrikots«, aber Eddy Merckx, Bernard Hinault und Greg LeMond blieben davon verschont; sie gewannen die Tour de France in besagtem Trikot.

## ROAD FURNITURE (HINDERNISSE/ STRASSEN-MÖBLIERUNG)

Bodenschwellen, Verkehrsinseln, Reflektoren und Ampeln, Poller und Mittelstreifen, die europäischen Straßen sind voll davon und von eingebauten Anlagen, die in der Regel dazu bestimmt sind, den Verkehr auszubremsen. Sie können für blankes Chaos in einem Radrennen sorgen, wenn das große Feld darauf zurollt und jeder Fahrer sich darauf verlässt, dass die Straße immer weiter so verläuft wie bisher. Bei größeren Rennen werden Hindernisse wie Bodenschwellen demontiert und später wieder aufgebaut. Es gibt keinen Zweifel, dass die Zunahme an verkehrsberuhigenden Maßnahmen Radrennen sowohl für Fahrer als auch Zuschauer gefährlicher gemacht hat. Beim Amstel Gold Race 2014 fuhr Johan Vansummeren geradewegs in eine kleine Verkehrsinsel und verletzte einen Zuschauer, beide landeten im Krankenhaus.

**ANGEBERWISSEN** ► *Straßenmöbel sind die großen Hindernisse in der Mitte der Straße.*

# ROCHE, Stephen

**GEBOREN** 28. November 1959, Dublin
**NATIONALITÄT** irisch
**AKTIVE ZEIT ALS PROFI** 1981 bis 1993
**FAHRERTYP** Allrounder, aggressiver Bergfahrer und stark im Zeitfahren
**SPITZNAME** Beryl Burton (ein Insider-Witz, wohl aufgrund seiner jugendlichen Locken, die an die große britische Fahrerin erinnerten)
**GRÖSSTE ERFOLGE** Tour de France (1987), Giro d'Italia (1987), Straßenweltmeister (1987), 3x Tour de Romandie (1983, 1984, 1987)
**GRÖSSTER RIVALE** Pedro Delgado

Der Ire Stephen Roche ist der einzige Fahrer neben Eddy Merckx, der im gleichen Jahr den Giro, die Tour und die Weltmeisterschaft gewinnen konnte. Roche gewann darüber hinaus in diesem *annus mirabilis* die prestigeträchtige »Super Prestige Pernod«-Wertung, die der erfolgreichste Radsportler über das Jahr gesehen erhielt.

Er betrat die Profi-Bühne gleich mit einem Sieg gegen Bernard Hinault und gewann im Jahr 1981 als Neu-Profi gleich einmal Paris–Nizza, eine Leistung, die vor und nach ihm kein Fahrer wiederholen konnte.

Doch es ist seine magische Saison von 1987, weshalb Roche ein Platz in den Annalen des Radsports sicher ist. Trotz einer ernsthaften Knieverletzung, die er sich bei einem Rennen auf der Bahn im Jahr zuvor zugezogen hatte und die Saison 1986 zunichte machte, ging er mit einem Sieg beim Giro 1987 bei der Tour ins Rennen. Roche hatte beim Giro drei der fünf Zeitfahren gewonnen und – entgegen der Mannschaftsorder – seinen Teamkollegen Roberto Visentini angegriffen, den Giro-Sieger von 1986, womit er den Zorn der Tifosi auf sich zog. Dieser Tag in den Dolomiten sollte als »Massaker von Marmolada« in die Geschichte eingehen.

Die 21. Etappe schließlich bei der folgenden Tour de France über 185 Kilometer von Bourg d'Oisans nach La Plagne wurde zum Kennzeichen von Roches Karriere. Mit schlechtem Stil hatte er das Trikot auf der 19. Etappe durch einen Angriff an einer Verpflegungsstation dem Franzosen Jean-François Bernard entrissen. Doch schon einen Tag später verlor er es wieder an den Spanier Pedro Delgado in Alpe d'Huez. Delgado hatte den Iren auf der 21. Etappe wieder in den Seilen, am letzten Anstieg nach La Plagne, mit einer Minute und 15 Sekunden Vorsprung. Doch er hatte nicht mit dem Siegeswillen von Roche gerechnet, der zockte und seine eigene Geschwindigkeit fuhr, nur darauf bedacht, den Rückstand so gering wie möglich zu halten, um dann die letzten vier Kilometer am Anschlag zu fahren. Roche erinnerte sich später an diesen verzweifelten Versuch, irgendwie im Rennen zu bleiben: »Ich war gut auf taktischer und psychologischer Ebene und machte einfach. Wenn ich so gut informiert gewesen wäre wie die heutigen Tour-Fahrer über Funk, dann hätte ich mich vielleicht mit 30 Sekunden Rückstand zufriedengegeben. Aber weil ich dachte, das Loch sei viel größer, ackerte ich weiter. Ich war in einer Art Überlebensmodus. Ich habe gar nicht mehr registriert, was ich da tat.« Er hatte es geschafft, nur Sekunden hinter dem Spanier ins Ziel zu kommen, sodass sein Rückstand im Gesamtklassement auf Delgado 39 Sekunden betrug. Journalisten waren gezwungen, ihre Artikel neu zu schreiben, und Phil Liggett (Kommentator für das engl. Fernsehen) musste seinen

Kommentar neu aufnehmen. Sein unsterblicher Satz: »Wer kommt denn da hinter Delgado ... Sieht aus wie Roche, der sieht aus wie Stephen Roche – ES IST STEPHEN ROCHE!«, ist das i-Tüpfelchen auf einer der bemerkenswertesten Etappen der Tour-Geschichte. An diesem Tag sicherte sich Stephen Roche den Gesamtsieg bei der Tour, denn er stülpte sich das Gelbe Trikot beim abschließenden Zeitfahren über 38 Kilometer über, als er mit etwas über einer Minute Vorsprung vor Delgado ins Ziel kam. Am Tag darauf folgte nur noch die Prozession durch die Straßen von Paris.

Roche beendete das Jahr mit seinem Sieg bei den Weltmeisterschaften in Österreich und wurde zu einem der ganz Großen des Radsports. Obwohl er noch mehrere Etappen bei der Tour de France gewinnen konnte und bei der Baskenlandrundfahrt 1989 siegte, stand die Weltmeister-Saison unter dem »Fluch des Regenbogentrikots« (siehe S. 117). Die alte Knieverletzung kam wieder auf, und seine Karriere neigte sich dem Ende zu. Es gab Doping-Gerüchte um sein Carrera-Team, der Gebrauch von EPO in der Saison 1993 gilt mittlerweile als gesichert. Aber dieser eine außergewöhnliche, sengend heiße Tag in den französischen Alpen mit der schier übermenschlichen Leistung Roches, seinen Traum von Gelb doch noch zu verwirklichen, machen die 21. Etappe zu einem der größten Momente in der Tour-Geschichte.

**SCHON GEWUSST?** Roche war so erschöpft, dass er Sauerstoff benötigte, nachdem er im Ziel zusammengebrochen war. Als französische Reporter ihn fragten, wie er sich fühle, gab er schlagfertig zurück: »Everything's okay, mais pas de femme ce soir.« (Alles in Ordnung, aber heute Nacht keine Frauen)

# ROLLE

Wer kennt das Bild nicht: Profi-Athleten, die sich vor einem Zeitfahren auf der Rolle warmmachen und anschließend ein Cool-Down fahren. Eigentlich für das Training drinnen konzipiert, wird das Rennrad an der Hinterradnabe eingespannt; meist lässt sich der Widerstand frei wählen. Eignet sich hervorragend, wenn das Wetter einmal nicht mitspielt oder nach einer Verletzung.

# ROLLSPLIT

Sie kennen das, wenn Sie stürzen, über den Asphalt schliddern und sich in den Wunden Reste des Straßenbelags sammeln – ein kleines Dankeschön der Straße. Diese blutigen Schürfwunden geben einem das Gefühl, dass das Ganze wirklich real ist. Sie sind das Ehrenmal des Radsportlers.

# ROULEUR

Rouleure können einen großen Gang treten, scheinbar mühelos, Kilometer um Kilometer – jedenfalls in der flachen Landschaft. Die zumeist größeren Fahrer, die für ordentlich Windschatten sorgen, stechen bei ihrem Einsatz gegen die Uhr heraus. Fabian Cancellara ist ein Rouleur par excellence, der sowohl seinen Mannschaftskapitän beschützen kann als auch bei einem Zeitfahren oder einem Klassiker fantastische Soloauftritte auf die Straße bringt. Cancellara und sein belgischer Gegenspieler Tom Boonen haben sechs der letzten zehn Flandern-Rundfahrten sowie sieben der letzten zehn Ausgaben von Paris–Roubaix unter sich ausgemacht, die idealen Eintagesklassiker für Rouleure.

# S WIE ...

## SPRINT/SPRINTER

Es gibt zwei Disziplinen im Sprint: auf der Bahn und der Straße. Beide sind unglaublich schnell und spektakulär, das Aufregendste, was der Radsport zu bieten hat. Die Schnellsten der Schnellen, die Jungs mit der unglaublich hohen Endgeschwindigkeit, verdingen sich als Sprinter. Viel schwerer als die dünnen, kleinen Bergziegen, besteht das Phänomen Sprinter aus starken Oberschenkelmuskeln, einem sehr kräftigen Oberkörper und den schnell kontrahierenden Muskelfasern, die wichtig und ideal für kurze, knackige Belastungen sind.

Die meisten Sprinter verlassen sich auf ihren Sprinterzug: ein bestimmtes Team innerhalb der Mannschaft, das den Sprinter in eine optimale Position für den Sieg bringen soll. Der Sprinterzug ist eine Erfindung des Panasonic-Teams aus den 80er-Jahren, aber Mario Cipollinis Saeco-Team hat ihn zu einer Kunstform erhoben – mit dem »Roten Zug« holte sich Cipollini immerhin 122 Siege. Jeder Fahrer in diesem Zug fährt so hart es geht vorn im Wind, bevor er ausschert und seinem Hintermann die Arbeit überlässt. Schließlich zieht der *poisson pilote* (»Pilotfisch«), also der wichtigste Anfahrer, den Sprinter die letzten Meter bis zur Ziellinie. Ein Straßensprint mag sehr chaotisch erscheinen, wenn die Sprinter Richtung Zielstrich rasen, aber es gibt strikte Regeln, auf der eigenen Linie zu bleiben. Wenn Fahrer andere blockieren oder einfach mal quer über die Straße sausen, müssen sie mit einer Disqualifikation rechnen und werden für gewöhnlich als Letzter der Etappe oder gar des Rennens gewertet. Die sogenannte Abdoujaparov-Regel hat ihren Namen von dem Sprinter aus Taschkent, der in den 90ern bekannt war für seine riskante Fahrweise und ihm den Beinamen »Terror von Taschkent« einbrachte. Tatsächlich ist ein Haufen Sprinter im Kampf um den Sieg gefährlich genug, auch ohne rücksichtslose Fahrweise.

Der Bahnrad-Sprint ist eine völlig andere Angelegenheit: Mann gegen Mann auf dem Velodrom. Hier ist der Sprint noch essenziell, gepaart mit einem Regelwerk, das wirklich obskur und mysteriös erscheint, und taktischen Finessen, die rätselhaft wirken. Also gehen wir es Runde

FORTSETZUNG SIEHE FOLGESEITE

SPRINT

für Runde an. Es ist ein Rennen über 750 Meter, bei dem nur die letzten 200 Meter zählen.

Erste Runde: wird gewöhnlich im Schneckentempo gefahren, manchmal stehen die Fahrer auch komplett still, ohne die Füße auf den Boden zu setzen – so ein »Stehversuch« ist eine recht nützliche Fähigkeit für jeden Pendler an einer roten Ampel. In dieser Runde tangieren sich die beiden Athleten und versuchen, den jeweils anderen in die ungünstigere Führungsposition zu bringen.

Zweite Runde: In dieser Runde geben die Fahrer endlich Gas und bereiten sich auf das große Finish vor. Sie versuchen, sich unterhalb der »Sprinterlinie«, die sich circa 80 Zentimeter vom Bahnrand entfernt befindet, zu positionieren. Jeder Sprinter will sich in der letzten Runde auf dieser Linie befinden, denn das zwingt den Gegner dazu, außen zu überholen. Die meisten Disqualifikationen rühren daher, dass Fahrer versuchen, innen zu überholen, und den Vorausfahrenden wegrempeln. In dieser Runde kann man oft beobachten, dass die Fahrer sich gegenseitig hoch in Richtung der Zuschauerränge drücken, von wo aus man abtauchen und den Vorteil ergreifen kann.

Dritte Runde: Hier entscheidet es sich. Bei Turnieren wird spätestens ab dem Halbfinale im »Best-of-Three-Modus« gefahren, sodass es angebracht sein kann, die Kräfte für das Folgerennen zu schonen, wenn man erkennt, dass ein Sieg aussichtslos ist.

Der Teamsprint – auch olympischer Sprint genannt – ähnelt nicht wirklich einem Sprint dem Wortsinn nach. Drei-Mann-Teams oder Zwei-Frauen-Teams treten gegeneinander auf der gegenüberliegenden Seite der Bahn an. Jedes Mitglied fährt eine Runde, bevor es ausschert und den besten Fahrer auf die schnellstmögliche letzte Runde entlässt.

# SATTEL

Das kleine Teil, auf dem Sie sitzen, hat die gleichen Eigenschaften wie der Sattel beim Pferd: Er verteilt das Gewicht und fungiert als einer der drei Kontaktpunkte zwischen Fahrer und Rad (die anderen beiden sind am Lenkrad und an den Pedalen). Die ursprüngliche Draisine – Prototyp aller Fahrräder und Laufmaschine genannt – besaß überhaupt keinen Sattel und ähnelte eher den heutigen Laufrädern für Kinder. In der Geschichte des Fahrrads wurden Sättel entwickelt, die von Holzplanken bis hin zu komplizierteren Versionen eines metallenen Rings reichen. Mit der Erfindung des Safety Bikes wurde endlich auch das Bedürfnis nach einem komfortablen Sattel erkannt. Die Legende besagt, dass John Brooks, Sohn eines Sattlers, 1865 damit experimentierte, ein hölzernes Fahrrad teils mit Leder abzudecken. Der moderne Sattel ist aus Hartschale, meist Plastik, ausgestattet mit einem kleinen Polster und überzogen mit Stoff oder Leder.

# SADDLE SORE (WUNDSTELLE)

Pein am Po rührt meist von Druck auf den Sitzhöckern, Reibung oder schlimmstenfalls einem Furunkel (besser bekannt als Eiterbeule am Gesäß) her. Eine gute Creme, Melkfett oder auch Vaseline – aufgetragen auf das Sitzpolster der Radhose – ist in dem Fall ein Muss.

**SCHON GEWUSST?** ▸ Sean Kelly (siehe S. 74), der bei der Vuelta 1987 das Rennen anführte, musste wegen einer solchen Verletzung nur drei Tage vor dem Ziel in Madrid aufgeben.

## SERVICE COURSE

Dieser französische Begriff bedeutet wörtlich übersetzt so viel wie »Renndienst« und bezeichnet die Materialfahrzeuge. Meist sind es Lkw, in denen die Teams die Räder sowie alles Material – vom Schlauch bis zum Schnellspanner – aufbewahren und warten (in der Formel 1 würde man von einem Motorhome sprechen). *Service course* meint aber auch den gelben, neutralen Materialwagen bei der Tour, der von Mavic gesponsert wird. Seine Aufgabe besteht darin, Fahrern technische Hilfe zu bieten, wenn der Mannschaftswagen aus welchen Gründen auch immer einmal nicht zur Stelle ist.

## SOIGNEUR

*Soigneur* leitet sich vom französischen Verb *soigner* ab: pflegen, behandeln, verarzten, auf die Gesundheit achten – alles Dinge, die essenzieller Bestandteil der Aufgabe des *soigneurs* sind. An einem typischen Tag wird er oder sie die *bidons* (siehe S. 17) oder die *musettes* (siehe S. 91) vorbereiten, sie in der Verpflegungszone an die Fahrer reichen, Sandwiches für die übrigen Mitarbeiter schmieren, das Gepäck übernehmen, Getränke und warme Kleidung im Ziel bereitstellen, um die Fahrer vor der Kälte oder allzu aufdringlichen Medienvertretern zu schützen, die dreckige Wäsche waschen, die Fahrer massieren. Tagein, tagaus ist dies der Ablauf über die gesamte Saison, die mit der Tour Down Under beginnt und mit der Tour of Beijing im Oktober endet. Aber die Zunft der *soigneure* kannte auch dunklere Tage: Über weite Strecken des 20. Jahrhunderts übernahmen sie auch die medizinische Betreuung der Fahrer, was teils in Quacksalberei ausartete und von der Gabe harmloserer Zusätze wie Viehfutter und Karottensaft bis hin zu illegalen leistungssteigernden Substanzen reichte. Der Tiefpunkt war gekommen, als Willi Voet, *soigneur* bei Festina, mit einem Kofferraum voller Medikamente, darunter EPO, auf dem Weg zur Tour 1998 von Zöllnern erwischt wurde.

## STAGE

Besser bekannt als *Etappe* (siehe S. 42) – Teil der Strecke bei einer mehrtägigen Rundfahrt, die an einem Tag absolviert wird. In Frankreich machen sich die Fahrer auf die *etapé*, in Italien auf die *tappa* und in Spanien auf die *etapa*.

**ANGEBERWISSEN ▸** *Als Henri Desgrange und Géo Lefèvre die Idee für die Tour kam, entwickelten sie eine völlig neue Sportart: das Etappenrennen.*

# SIMPSON, Tom

**GEBOREN** ▸ 30. November 1937, Haswell, England
**GESTORBEN** ▸ 13. Juli 1967, Mont Ventoux (Provence), Frankreich
**NATIONALITÄT** ▸ britisch
**AKTIVE ZEIT ALS PROFI** ▸ 1959 bis 1967
**FAHRERTYP** ▸ Allrounder
**SPITZNAME** ▸ Major Tom, Mr Tom
**GRÖSSTE ERFOLGE** ▸ Flandern-Rundfahrt (1961), Mailand–Sanremo (1964), Lombardei-Rundfahrt (1965), Straßenweltmeister (1965), Paris–Nizza (1967)
**GRÖSSTE RIVALEN** ▸ Jan Janssen, Roger Pingeon

Tom Simpson war der erste Fahrer, der ein Monument gewinnen konnte, der erste britische Sieger bei Mailand–Sanremo und immer noch der einzige Brite, der sich bis dato in die Siegerliste der Flandern- und Lombardei-Rundfahrt eintragen konnte. Und er war der erste Brite, der sich das begehrteste Trikot im Radsport – das *maillot jaune* des Gesamtführenden bei der Tour de France – überstreifen durfte.

Geboren im Nordosten Englands als Sohn eines Minenarbeiters, zog Simpson 1959 im Anschluss an eine erfolgreiche Amateurkarriere nach Frankreich in die Bretagne. Der Erfolg auch auf der Profi-Ebene ließ nicht lange auf sich warten – er gewann in einem sehr harten Finish die Flandern-Rundfahrt 1961, bei dem der Wind so stark war, dass der Zielbogen umgeblasen wurde, und holte für einen Tag im Jahr 1962 das Gelbe Trikot bei der Tour de France. Sein Sieg bei den Weltmeisterschaften in San Sebastián 1965

war ein klassischer Simpson: Er griff zwei Runden vor Schluss auf einem hügeligen Rundkurs an und setzte sich gemeinsam mit Rudi Altig ab (mit dem er im Jahr zuvor ein Zwei-Mann-Zeitfahren absolviert hatte). Simpson konzentrierte sich auf lange Solofluchten, um seine Schwäche im Sprint zu kompensieren, doch dieses Mal hatte er Glück – er holte alles aus sich heraus und fuhr als Erster in dem Moment über die Ziellinie, in dem sein Vorderreifen platzte.

Nachdem er sich bei einem Skiunfall das Bein gebrochen hatte, war die Saison 1966 ein Reinfall, doch 1967 kam er wiedererstarkt zur Tour de France. Mit 29 lief ihm langsam die Zeit davon, noch genug Geld vor dem Karriereende zu verdienen – ein starker Auftritt bei der Tour de France würde ihm Verträge bei den lukrativen Kriterien nach dem Rennen bescheren, mit denen die Fahrer ihr Gehalt aufbesserten (Kirmesrennen in Städten, bei denen der Sieger vorher feststand). Félix Lévitan entschied sich dafür, die Ausgabe der Tour von 1967 zum ersten Mal seit 1961 wieder als nationales Ausscheidungsrennen auszutragen. Sofort war Simpson im Nachteil, denn das britische Team war international nicht so stark, und ausgerechnet sein Teamkollege bei Peugeot, der Franzose Roger Pingeon, kehrte aus seinem Ruhestand zurück, um das Rennen zu gewinnen.

Aber der Name Tom Simpson ist auf ewig mit den Geschehnissen bei der 13. Etappe verbunden, einer 211,5 Kilometer langen Passage zwischen Marseille und Carpentras inklusive des Mont Ventoux, über den Simpson geschrieben hatte: »Es ist wie eine andere Welt da oben zwischen diesen nackten Felsen und dem grellen Sonnenlicht.« Die Etappe war für den 13. Juli angesetzt. Was als Nächstes folgte, war das unglückselige Zusammentreffen von Ambition und Verzweiflung: Simpson auf dem Weg zum Gipfel, Hitze und Dehydration machten ihm zu schaffen, Amphetamine und Alkohol im Blut taten ein Übriges. Als das Rennen den schattigen Bereich der Baumgrenze verlassen hatte und durch die bizarre Mondlandschaft führte, begann Simpson damit, im Zickzackkurs die Straße hinauf zu pedalieren, »wie Amateure, wenn sie in Schwierigkeiten sind«, wie sein Mechaniker Harry Hall später zu Protokoll gab. Als Simpson kollabierte, versuchte Hall ihn davon zu überzeugen, das Rennen aufzugeben, doch der Brite bestand darauf weiterzumachen, nur um kurz darauf erneut zusammenzubrechen. Trotz der Bemühungen des Rennarztes Dr. Pierre Dumas, der 1955 erfolgreich das Leben des französischen Fahrers Jean Malléjac bei einem nahezu identischen Zwischenfall retten konnte, verstarb Simpson noch am Berg. Er verschied nur einige Kilometer vom Gipfel entfernt, am Straßenrand. Ein Denkmal steht an jener Stelle und erinnert an den Briten, wobei die Erinnerungen an seine Leistungen die an die Umstände seines Todes überwiegen.

Simpsons Mannschaftskollege Eddy Merckx war auf der Beerdigung in Harworth und zollte seinen Respekt am Denkmal für Simpson, als er die Etappe hoch zum Ventoux bei seinem Sieg bei der Tour de France 1970 gewinnen konnte. Eine Plakette wurde am 30. Jahrestag von seinen Töchtern Jane und Joanne angebracht, auf der ganz simpel steht: »Kein Berg ist je zu hoch«.

**SCHON GEWUSST?** Die oftmals zitierten letzten Worte Simpsons, man solle ihn wieder aufs Rad setzen (»Put me back on my bike!«), sind tatsächlich eine Erfindung des britischen Reporters Sid Saltmarsh für das *Cycling Magazine*.

STELVIO

ANSTIEG

## STELVIO

**HÖHE IM ZIEL** ► 2758 Meter
**HÖHENMETER** ► 1808 Meter
**DURCHSCHNITTLICHE STEIGUNG** ► 7,4 Prozent
**MAXIMALE STEIGUNG** ► 12,1 Prozent
**LÄNGE DES ANSTIEGS** ► 24,3 Kilometer
**GEOGRAFISCHE LAGE** ► Italienische Alpen

Der Giro d'Italia liebt seine Berge, und das gilt für keinen so sehr wie für den Stelvio, dessen 48 Haarnadelkurven – mehr als zweimal so viel wie in Alpe d'Huez – sich auf einen der höchsten Pässe Europas hinaufwinden. Fausto Coppi gewann hier als Erster im Jahr 1953, als er in das Rosa Trikot mit einer aggressiven Attacke auf den damals noch nicht asphaltierten Straßen fuhr und sich seinen fünften und letzten Giro-Sieg sicherte. Der *Cima Coppi* – der Preis für denjenigen, der als Erster über den höchsten Pass beim Giro fährt – wird manchmal dort vergeben, obwohl der Pass häufig im Mai wegen des Schnees auf seinem kargen Gipfel noch nicht passierbar ist. Auch wenn das Rennen über den Gipfel führt, werden die Fahrer oftmals von Schnee und Eis flankiert, da die Straße nur einige Tage zuvor freigelegt wurde. Dabei hebt sich der Stelvio seine größte Herausforderung bis kurz vor Schluss auf, mit Steigungen von bis zu 12,1 Prozent und sehr gefährlichen Kurven, und die anschließende Abfahrt ist wirklich angsteinflößend. Der britische Fahrer Brian Smith beschrieb sie als »die schrecklichste Abfahrt, die ich je gemacht habe. Ich war wie versteinert.«

# STRADA, Alfonsina

Alfonsina Strada, die »Teufelin im Kleid«, lernte das Fahrradfahren im Alter von zehn Jahren, als ihr Vater zehn Hühner gegen einen alten, abgenutzten Drahtesel eintauschte. Mit ihrer starken Physis, kräftigen Beinen und Bubikopf hatte sie einen Traum – sie wollte Profi-Radrennfahrerin werden. Im Nachkriegsitalien im Jahr 1920 ein Ding der Unmöglichkeit.

Aber als sich der Giro d'Italia 1924 für Einzelstarter öffnete (die Mannschaften stritten sich mit den Organisatoren um die Gagen und lehnten einen Start ab, sodass das Rennen ohne Stars gestartet wurde), trug sich ein Alfonsin Strada in Mailand ein und pinnte die Nummer 72 an »sein« Trikot. Indem sie das »a« unterschlug, wurde Alfonsina Strada die erste – und bis heute einzige – Frau, die jemals den Giro d'Italia gefahren ist. Nach einer besonders heißen Etappe durch die Berge in Zentralitalien, bei der sie absteigen musste, durfte sie dennoch weitermachen – die Veranstalter zahlten für ihr Essen, Übernachtung und Massagen. Strada wurde eine Nationalheldin, die Leute warteten stundenlang, nur um einen kurzen Blick auf sie erhaschen zu können. Auch wenn sie oft allein bis spät in die Nacht fahren musste, sie spulte jeden der 3613 Kilometer ab. Anschließend setzte sie ihre Karriere fort, startete bei Rennen in den Velodromen Europas, bei denen sie auch männliche Gegner bezwang und zahlreiche Rekorde bis in die späten 40er aufstellte. Sie starb im Alter von 69 Jahren, nach einem Unfall auf ihrer hellroten Moto Guzzi auf dem Rückweg von einem Radrennen.

**SCHON GEWUSST?** ► Aflonsina bat ihren Mann, ihr zur Hochzeit ein Rennrad zu schenken.

# T WIE ...

RENNEN

## TOUR DE FRANCE

**AUSTRAGUNGSORT** ▸ Frankreich, wobei die ersten Etappen gelegentlich im Ausland gestartet werden und das Rennen im Verlauf oftmals auch durch Spanien oder die Schweiz führt

**ART DES RENNENS** ▸ dreiwöchige Rundfahrt, 21 Etappen mit zwei Pausentagen

**ETAPPEN** ▸ flache (ideal für Sprinter), gemischte (ideal für Ausreißer), Berg- (ideal für Bergziegen) sowie Zeitfahretappen (ideal für Zeitfahrer)

**ZEITPUNKT** ▸ Juli

**MEHRFACHSIEGER** ▸ Eddy Merckx, Miguel Indurain (der Einzige, der die Tour fünfmal in Folge gewinnen konnte), Bernard Hinault, Jacques Anquetil

**MEISTE LÄNDER-SIEGE** ▸ Frankreich

**GRÖSSTE MOMENTE** ▸ viel zu viele, um sie alle aufzählen zu können, aber Eddy Merckx' Soloangriff in den Pyrenäen 1969 gehört auf jeden Fall dazu; Hugo Koblet, wie er seinem Spitznamen *Pedaleur de Charme* 1951 gerecht wird; Bartalis Heldenritte, um ein zweites Mal die Tour zu gewinnen, zehn Jahre nach seinem ersten Sieg 1948; Coppi als erster Gewinner der Etappe hoch nach Alpe d'Huez; Anquetil und Poulidor 1964 Ellbogen an Ellbogen hoch zum Puy de Dôme; Fignons Niederlage um Sekunden gegen Greg LeMond auf den Champs-Élysées 1989; Jan Ullrich als erster deutscher Tour-Sieger 1997

**TRIKOTS** ▸ Gelbes Trikot *(maillot jaune)*: Gesamtführender; Grünes Trikot: bester Sprinter; Gepunktetes Trikot: bester Bergfahrer; Weißes Trikot: bester Nachwuchsfahrer.

FORTSETZUNG SIEHE FOLGESEITE ▸

Die Tour de France ist die Mutter aller Rundfahrten – das älteste und berühmteste Etappenrennen der Welt. Es ist das Rennen, das jeder Fahrer in seinem Palmarès stehen sehen will – sei es durch einen Etappensieg, mit einem Trikot oder als Gesamtsieger auf dem Podium in Paris. Die Vuelta a España mag anspruchsvoller sein, der Giro mag der Liebling der *Tifosi* sein, aber die Tour ist das Rennen, bei dem jeder Rennfahrer dieser Welt einmal starten möchte. Sie ist für viele der Einstieg in die totale Abhängigkeit namens »Faszination Radsport«.

Gegründet von Henri Desgrange (siehe S. 33) und Géo Lefèvre im Jahr 1903 als Werbung für eine Autozeitschrift, *L'Auto*, bedeutete diese Form des Wettkampfs eine ganz neue Sportart – ein Etappenrennen für Rennradfahrer. Jeder Aspekt des modernen Radsports – vom Mannschaftszeitfahren bis zu den Trikot-Wertungen, von der Werbekolonne bis zu den Bergetappen – ist eine Erfindung der Tour de France. Die erste *grand boucle* umfasste 2428 Kilometer in nur sechs (!) Etappen, die 100. Tour de France im Jahr 2013 hingegen 3404 Kilometer bei 21 Etappen. Mittlerweise gibt es strenge Vorgaben die Länge der Etappen betreffend, aber in den Tagen von Desgrange starteten die Fahrer bei Sonnenaufgang und finishten teils weit nach Sonnenuntergang; die längste Etappe bis heute notiert 482 Kilometer bei der Tour de France 1919.

Eddy Merckx – kaum überraschend – hält viele, viele Tour-Rekorde: die meisten Tage im Gelben Trikot, die meisten Etappensiege, die meisten Etappensiege bei einer Tour (insgesamt acht, ein Rekord, den er sich mit Charles Pélissier und Freddy Maertens teilt), aber bei der Tour geht es um mehr als um Siege und Statistiken. Zum Beispiel Eugène Christophe, der erste Mann in Gelb, der einen Berg hinunterging, sein Fahrrad auf dem Rücken, um im Tal beim Dorfschmied seine Gabel reparieren zu lassen. Oder Jens Voigt, der 15 Kilometer auf einem Kinderfahrrad abspulte, verzweifelt bemüht, nicht aus der Wertung genommen zu werden. Honoré Barthélémy, der ein Auge während des Rennens verlor und nicht nur die Etappe zu Ende fuhr, sondern die gesamte Tour (er meinte später, er habe mehr Geld für das Glasauge ausgegeben, als er an Preisgeld eingefahren habe). Eddy Merckx, der in den Pyrenäen solo zum Sieg fährt, obwohl er das Rennen bereits gewonnen hat, Chris Froome, der nach einem Sturz nicht sofort ein Ersatzrad erhält und auf Radschuhen weiterläuft, Marcel Kittel und André Greipel, die unglaubliche Leistungen im Sprint zeigen, vergleichbar mit Pantani in den Bergen. Die Tour ist Drama pur – auf und neben dem Rad. Die großen Rivalen: Coppi–Bartali, LeMond–Hinault, Anquetil–Poulidor, Armstrong–Ullrich. Die Triumphe und desaströsen Niederlagen, die die Fahrer Minute um Minute, Stunde um Stunde, Tag um Tag vor Augen haben. Die Tour hat eine magische Anziehungskraft, und der einzige Weg, diese Faszination wirklich zu erleben, ist, dort am Straßenrand zu stehen und die Atmosphäre aufzusaugen, wenn das Peloton vorbeirauscht.

**ANGEBERWISSEN** ► *Die Tour ist großartig, natürlich, aber die Vuelta hat zum Teil schwerere Anstiege, ist viel schwerer zu meistern.*

# TANDEM

Das »Fahrrad gebaut für zwei«, wurde in den 1890ern auf dem Höhepunkt des Fahrradbooms patentiert. Das Design stammt von A. J. Wilson und Dan Albone aus dem Jahre 1886, die ganz einfach zwei herkömmliche Rahmen miteinander verschweißten. Das Wort »Tandem« bezieht sich darauf, dass ein Fahrer hinter dem anderen sitzt, ganz ähnlich dem »Sozius« beim Motorrad. Aber Tandems wurden nicht nur für das gesellige Fahren konzipiert, auch als Bahnräder kamen sie zum Einsatz. Von 1908 bis 1972 war der Sprint im Tandemrennen eine olympische Disziplin. Stellen Sie sich vor – zwei superschnelle Sprinter, die mit bis zu 85 km/h im Kreis fahren ... und stellen Sie sich nun die Unfälle vor. Bis heute hat sich das Tandemrennen – Verfolgung, Zeitfahren sowie Sprint – bei den Paralympics gehalten, bei denen ein »Pilot« die Steuerung für den sehbehinderten bzw. blinden Fahrer hinter ihm übernimmt.

# TAYLOR, Major

Marshall W. »Major« Taylor war einer der ersten Superstars im Radsport, der im Zuge des Fahrradbooms um die Jahrhundertwende äußerst populär war. 1878 in ärmlichen Verhältnissen in Indianapolis geboren, wurde der Enkel eines Sklaven praktisch von dem Arbeitgeber seines Vaters »adoptiert« und genoss alle Privilegien einer ordentlichen Schulbildung sowie die Freiheit, die ein Fahrrad mit sich brachte, das er vom Boss seines Vaters als Geschenk erhielt. Aber als die Familie nach Chicago zog, war es vorbei mit dem »süßen« Leben, Taylors Dasein veränderte sich »vom glücklichen Leben eines Millionärsjungen hin zu dem eines gewöhnlichen Laufburschen«, wie er in seiner Autobiografie *The Fastest Bicycle Rider in the World* festhält. 1892 wurde er – noch in Indianapolis – von einem Fahrradgeschäft engagiert, um Stunts und Tricks in einer Militäruniform auf dem Rad zu vollführen – daher sein Spitzname »Major«. Im Alter von 14 Jahren nahm er zum ersten Mal an Rennen teil und gewann sogleich.

Er schmuggelte sich in die Rennen nur für Weiße ein, sein Talent war einfach herausragend, bereits mit 17 Jahren pulverisierte er – inoffiziell – Rekorde, die bis dato von Profi-Fahrern gehalten wurden. Doch trotz seines Talents wurde er für seine Chuzpe, die Grenzen der Hautfarbe einfach zu ignorieren, für die Bahn von Indianapolis gesperrt. Aber Major Taylor war nicht mehr aufzuhalten – 1896 trat er zum ersten Mal bei den sehr populären Sechs-Tage-Rennen im Madison Square Garden an. Der »Schwarze Zyklon«, wie er fortan genannt wurde, war der Kapitän eines eigenen Profi-Teams und hielt bereits sieben Weltrekorde, bevor er 20 Jahre alt wurde. 1899 krönte er sich zum Weltmeister.

Aber das größte »Problem«, seine Hautfarbe, blieb. Im Süden der USA durfte er nicht starten, zudem wurde er von Zuschauern bedroht – sie bewarfen ihn mit Eis und Nägeln. Konkurrenten waren noch rabiater: Ein Gegner, unglücklich über seine Niederlage gegen Taylor, zog ihn vom Rad und würgte ihn bis zur Bewusstlosigkeit. Schnell wurde klar, dass der Amerikaner besser in Europa aufgehoben wäre, doch zunächst lehnte Taylor es ab, nach Frankreich zu gehen. Dort wurden die großen Wettkämpfe an Sonntagen abgehalten, doch der Fahrer war tief religiös und weigerte sich, am Sabbat Rennen zu fahren. Aber die Aussicht auf gute Gagen sowie die Bereitschaft der Rennveranstalter, Wettkämpfe von Sonntagen auf französische Feiertage zu legen, bewegten ihn zum Umdenken. 1902 wagte er den Sprung über den Großen Teich, nahm es mit jedem Gegner auf und festigte so seinen Ruf als schnellster Fahrer der Welt.

Aber das Alter nagte an ihm, und das Interesse des amerikanischen Publikums an Radrennen schwand

FORTSETZUNG SIEHE FOLGESEITE ►

zunehmend vor dem unaufhaltsamen Aufstieg des Automobils. Taylor beendete 1910 mit 32 Jahren seine Karriere und war – nachdem er sein Vermögen bei einigen Investments in den Sand gesetzt hatte – gezwungen, seine in Eigenregie veröffentlichte Autobiografie hausierend von Tür zu Tür in Chicago zu verkaufen. Als er mit 53 starb, fühlte sich niemand für ihn verantwortlich, sodass er in ein Armengrab gelegt wurde.

Aber einige der ehemaligen Stars erinnern sich bis heute an den »Schwarzen Zyklon« und seine Art, wie er in den Velodromen dieser Welt glänzte. Seine Überreste wurden exhumiert und in ein ordentliches Grab überführt, darauf eine Bronzetafel mit den Worten: »Radsportweltmeister, der den harten Weg nach oben ging – ohne Hass in seinem Herzen. Ein ehrlicher, mutiger, gottesfürchtiger und tadelloser Athlet von weltmännischem Format. Hut ab vor seiner Karriere, er hat immer alles gegeben – er ist von uns gegangen, aber bleibt unvergessen.«

## TÊTE DE LA COURSE

Es bedeutet wortwörtlich übersetzt »Kopf des Rennens« und kann sich auf einen einzelnen Fahrer, eine Ausreißergruppe oder auch das gesamte Peloton beziehen. Wer immer auch im Rennen vorn fährt, befindet sich am *tête de la course*.

## TIFOSI

Sind Sie ein italienischer Radsport-Fan oder Anhänger von italienischen Mannschaften oder Fahrern, dann gehören Sie zu der Familie der *tifosi*: Es ist der italienische Begriff für Anhänger bzw. Fan.

## TIME TRIAL (ZEITFAHREN)

Auch bekannt als »Fahren gegen die Uhr«: Hier gilt es, es ist die Stunde der Wahrheit gekommen. Das Prinzip ist denkbar einfach: Man fährt so schnell, wie man kann, über eine bestimmte Distanz, der Schnellste im Ziel ist der Sieger. Die Fahrer starten in Intervallen, zwischen einer und drei Minuten, während der Fahrt werden mehrere Zwischenzeiten sowie die Zeit im Ziel genommen. Meist wird in umgekehrter Reihenfolge des Gesamtklassements gestartet, der Start ist sozusagen biblisch: Die Letzten sind die Ersten. Die Kurzversion wird Prolog genannt und umfasst nicht mehr als acht Kilometer. Beim Mannschaftszeitfahren starten alle Fahrer eines Teams zusammen, die Zielzeit wird bei dem fünften Fahrer genommen, der die Ziellinie überquert. Die besten Mannschaften halten eine strikte Formation durch, einen sogenannten Kreisel (siehe S. 99). Man kann entweder in Einerreihe oder in Zweierreihe, dem sogenannten Belgischen Kreisel, an die Aufgabe herangehen. Beide Varianten unterliegen demselben Prinzip: Jeder Fahrer fährt für eine gewisse Zeit vorn im Wind, lässt sich dann zurückfallen und reiht sich am Ende wieder ein, sein Hinterradmann übernimmt.
Jacques Anquetil, Miguel Indurain, Jan Ullrich, Fabian Cancellara, Tony Martin – sie alle verstanden bzw. verstehen es, dem Zeitfahren mit ihrer Wucht den Stempel aufzudrücken.

**SCHON GEWUSST?** ► Die Fahrer von TI-Raleigh, eine Mannschaft aus den Niederlanden, die die Teamzeitfahren in den 70ern und 80ern dominierte, waren die ersten, die hautenge Anzüge *(skinsuits)* bei der Tour 1980 trugen. Kaum verwunderlich entschieden sie beide Mannschaftszeitfahren für sich.

ANSTIEG

# TOURMALET

**HÖHE IM ZIEL** ▸ 2115 Meter
**HÖHENMETER** ▸ 1275 Meter
**DURCHSCHNITTLICHE STEIGUNG** ▸ 7,5 Prozent
**MAXIMALE STEIGUNG** ▸ 11 Prozent
**LÄNGE DES ANSTIEGS** ▸ 17,1 Kilometer
**GEOGRAFISCHE LAGE** ▸ Französische Pyrenäen

Der Legende nach ist die Geschichte, wie der Tourmalet Teil der Strecke der Tour de France wurde, eng mit Alphonse Steines verbunden, ein Journalist der Zeitschrift *L'Auto*, der das Rennen immer noch schwieriger machen wollte. Er überzeugte Henri Desgrange, den Gründer der Tour, ihn die Bergkette auskundschaften zu lassen, die die natürliche Grenze zwischen Frankreich und Spanien bildet. Er fasste den Tourmalet ins Auge und prüfte ihn auf seine Tauglichkeit – so einen Berg hatte kein Rennen je in seinem Programm gehabt. Er wollte die Tour in die abgeschiedene Region bringen, die auch als »Kreis des Todes« bekannt war, wo Bären nur auf Unvorsichtige warteten und die Wege praktisch nicht passierbar waren, voller Felsgeröll und extrem gefährlich. Er schaffte es, bis auf vier Kilometer hoch zum Gipfel zu fahren, geriet jedoch plötzlich in einen Schneesturm und war gezwungen, den Wagen stehen zu lassen und sich zu Fuß auf den Weg zu machen. Steines watete durch brusthohe Schneeverwehungen, schaffte es aber irgendwie auf den Gipfel und zum nächsten Dorf, wo er auf Bergführer und die lokale Polizei traf. Am nächsten Morgen telegrafierte er an Desgrange: »Den Tourmalet überquert. Stop. Sehr gute Straße. Stop. Perfekt umzusetzen. Stop. Gezeichnet Steines.« Sein draufgängerisches Wesen ist für einige der bemerkenswertesten Bilder und fantastischsten Etappen verantwortlich. Octave Lapize war der erste Fahrer, der eine Etappe gewinnen konnte, die über den Tourmalet verlief (1910). Sie führte über 326 Kilometer von Luchon nach Bayonne, und Lapize brauchte 14 Stunden und 10 Minuten, darunter die Pässe über den Peyresourde, Aspin, Tourmalet und Aubisque. Am letztgenannten stieg er vom Rad und schrie den Kommissaren, die dem Rennen folgten, entgegen: »Mörder!« An jedem ersten Samstag im Juni wird dem ersten Bezwinger zu Ehren eine stählerne Statue, *le géant*, auf den Gipfel befördert und ausgestellt. Auf 2122 Metern steht in der dünnen Luft zudem eine Büste von Jacques Goddet, dem Renndirektor von 1936 bis 1986.

Auf dem Tourmalet ereignete sich eine der berühmtesten Episoden in der Tour-Geschichte. Im Jahr 1913 brach bei Eugène Christophe die Gabel, als er am Gipfel von einem Auto angefahren wurde, weshalb er gezwungen war, die ganzen 14 Kilometer der Abfahrt hinunterzulaufen, das Fahrrad auf dem Rücken, bis ins Dorf Sainte-Marie-de-Campan. Die Regeln besagten, dass die Fahrer alle Reparaturen am Rad selbst durchführen mussten, also suchte er den Dorfschmied auf und machte sich an die Arbeit, besessen davon, mit dem kompletten Peugeot-Team Paris zu erreichen. Chistophe kam knapp vier Stunden nach dem Etappensieger ins Ziel und erhielt dann noch eine Strafe dafür, dass er dem Sohn des Schmieds erlaubt hatte, ihm mit dem Blasebalg zur Hand zu gehen. Man erzählt die Geschichte, dass die Kommissare, die bei ihm geblieben waren, um ihn zu überwachen, ihn sogar baten, etwas zu essen zu besorgen. »Wenn ihr Hunger habt, dann esst Kohle«, lautete die Antwort des Fahrers.

# U WIE …

## UCI

Die Union Cycliste International ist der Dachverband des Radsports. Sie organisiert die Weltmeisterschaften, beurteilt die Wettkämpfe je nach Schwierigkeit und vergibt Punkte für Siege an Fahrer, Mannschaften und Nationen. Die UCI ist dafür verantwortlich, das Reglement für diverse Radsportdisziplinen vorzugeben und durchzusetzen. Unter die Disziplinen fallen Straßen- und Bahnradrennen, Paracycling, Mountainbiking, Cyclocross und BMX.

Die UCI wurde gegründet, um die britische Dominanz der International Cycling Association (ICA) zu brechen, die 1892 installiert wurde. Bei einem Treffen am 14. April 1900 in Paris wurde von den Nationalverbänden aus Frankreich, Belgien, Italien, der Schweiz und den USA aus der Taufe gehoben, was zukünftig als neuer Radsport-Dachverband dienen sollte. Auf Verlangen des IOC (Internationales Olympisches Komitee) teilte sich die UCI in zwei Organisationen auf, eine für die Profis und eine für die Amateure: die Fédération Internationale de Cyclisme Professionale (FICP) und die Fédération Internationale Amateur de Cyclisme (FIAC). Die UCI übernahm die koordinativen Aufgaben. Als das IOC 1992 beschloss, auch Profis zu den Olympischen Spielen zuzulassen, schlossen sich FICP und FIAC wieder zur UCI zusammen, wie wir sie heute kennen.

Wenn eine Nation Rennen veranstalten möchte, die unter dem Dach der UCI stattfinden sollen, muss es zunächst einmal einen nationalen Verband geben, der als Veranstalter auftritt. Diese Verbände auf Länderebene sind in fünf große Kontinentalverbände zusammengefasst:

- **Asian Cycling Confederation (ACC)**
- **Union Européenne de Cyclisme (UEC)**
- **Oceania Cycling Confederation (OCC)**
- **Confederación Panamericana de Ciclismo (COPACI)**
- **Confédération Africaine de Cyclisme (CAC)**

Diese fünf multinationalen Verbände treffen sich einmal jährlich beim UCI-Kongress, um die Regularien abzustimmen und ggf. neue Verbände aufzunehmen. Der Kongress wählt darüber hinaus den Präsidenten

FORTSETZUNG SIEHE FOLGESEITE

und die neun Mitglieder des Exekutivkomitees der UCI, die alle organisatorischen Fragen regeln.
2013 wurde der Brite Brian Cookson mit dem Nimbus des »neuen Besens« nach einer der dunkelsten Perioden in der Geschichte der Organisation zum Vorsitzenden gewählt. Die durchaus kontrovers gesehene Organisation wurde in der Vergangenheit von Figuren geführt, die Sepp Blatter in nichts nachstanden. Auf den Spanier Luis Puig (1981–1990), der eine unrühmliche Position in der Doping-Affäre um Pedro Delgado einnahm, als der Landsmann für positive Drogentests bei der Tour de France nicht belangt wurde, angeblich wegen Formfehlern, folgten Hein Verbruggen (1991–2005) und Pat McQuaid (2005–2013), die beide stark involviert waren in die Verschwörung um die Dopingpraktiken im Team US-Postal.
**SCHON GEWUSST?** ► 2013 wurde die Präsidentin des OCC, Tracey Gaudry, zur Vize-Präsidentin gewählt, das höchste Amt, das eine Frau je in der Organisation innehatte.

**ANGEBERWISSEN** ► *Ist es nicht ironisch, wie sich der Kreis schließt? Die UCI wurde gegründet, um die Macht der Briten einzudämmen, doch heute ist es ein britischer Fahrer, der das Geschehen dominiert.*

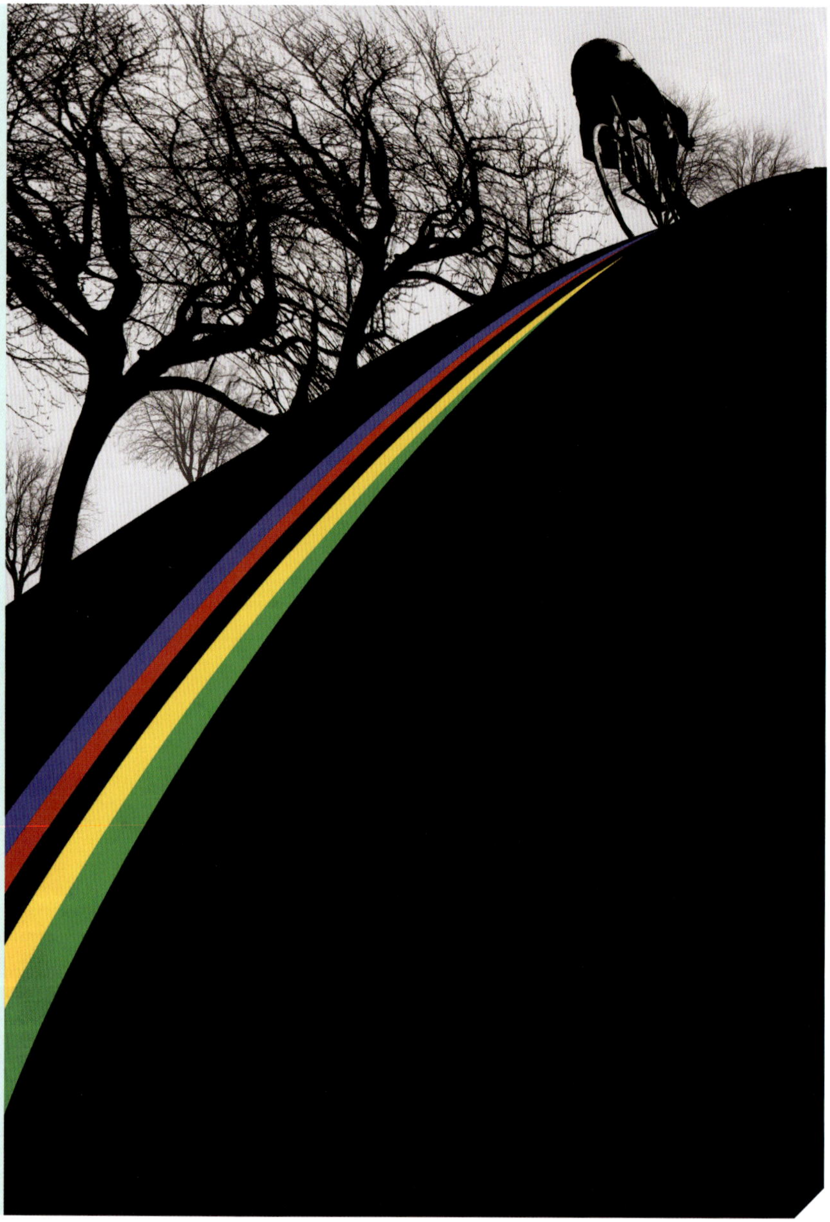

## UNICYCLE (EINRAD)

Bei der Tour de France würde man niemals einen Akrobaten erwarten, doch das Einrad ist die einzige Form des Fahrrades, das wir mehr mit Zirkus als mit der Straße assoziieren.

Keiner weiß mit Sicherheit, wann oder aus welchem Grund das Einrad entwickelt wurde, aber die populärste Theorie geht so: Die Hochradfahrer merkten irgendwann, dass sie das hintere, viel kleinere Rad überhaupt nicht brauchten, also montierten sie es ab; denn beim Hochrad befindet sich der Sattel wie beim Einrad exakt über dem Rad. Diese Adrenalinsüchtigen im Bereich der Extremsportarten betrieben die Fortentwicklung bis hin zum modernen Einrad.

Zunächst kam das Muni, das Mountain Unicycle mit seinen fetten, knubbeligen Reifen, dann das Freestyle-Unicycle, das sich ähnlich wie das Skateboard für Tricks und Stunts eignet. Es gibt zudem die International Unicycling Federation, die Rennen im Einradfahren sowie Einrad-Hockey- und Einrad-Basketball-Veranstaltungen organisiert.

# V WIE …

FAHRERIN

## VOS, Marianne

**GEBOREN** ▸ 13. Mai 1987, 's-Hertogenbosch, Niederlande
**NATIONALITÄT** ▸ niederländisch
**AKTIVE ZEIT ALS PROFI** ▸ seit 2006
**SPITZNAME** ▸ Vosje, kleiner Fuchs (Vos bedeutet Fuchs im Niederländischen)
**GRÖSSTE ERFOLGE** ▸ La Course (2014), Goldmedaille im Olympischen Straßenrennen (2012), 5x Gewinnerin des UCI-Weltcups (2007, 2009, 2010, 2012, 2013), 3x Giro d'Italia Femminile (2011, 2012, 2014), 5x Flèche Wallone (2007–2009, 2011, 2013), Flandern-Rundfahrt (2013), 7x Weltmeisterin im Cyclocross (2006, 2009–2014), 2x Weltmeisterin auf der Bahn (2008, 2011), olympische Goldmedaille auf der Bahn (2008)
**GRÖSSTE RIVALIN** ▸ Keine – sie ist allen anderen einfach überlegen

Einfach ausgedrückt, ist Marianne Vos das weibliche Pendant zu Eddy Merckx. Sie ist allen ihren Gegnerinnen überlegen, die größte Fahrerin ihrer Zeit. Geboren 1987 in 's-Hertogenbosch, lag das Athletische in ihrer Natur; mit 14 wechselte sie vom Eisschnelllauf zum Mountainbiken. Vos ist eine komplette Fahrerin, die Eintagesklassiker, Etappenrennen und Bahnradwettkämpfe – sie war Weltmeisterin beim Punktefahren und Scratch – für sich entscheiden konnte. Sie dominierte die erste Frauenrundfahrt 2014, die Friends Life Women's Tour, und gewann die erste Ausgabe von *La Course*, dem Frauenrennen im Rahmen der Tour de France und wichtigsten Rennen im Kalender des Frauenradsports.

Vos gewann zudem die Goldmedaille bei den Olympischen Spielen 2012, als sie einen hochdramatischen Sprint gegen die Britin Lizzie Armitstead auf der regennassen Prachtstraße »The Mall« hinlegte

FORTSETZUNG SIEHE FOLGESEITE ▸

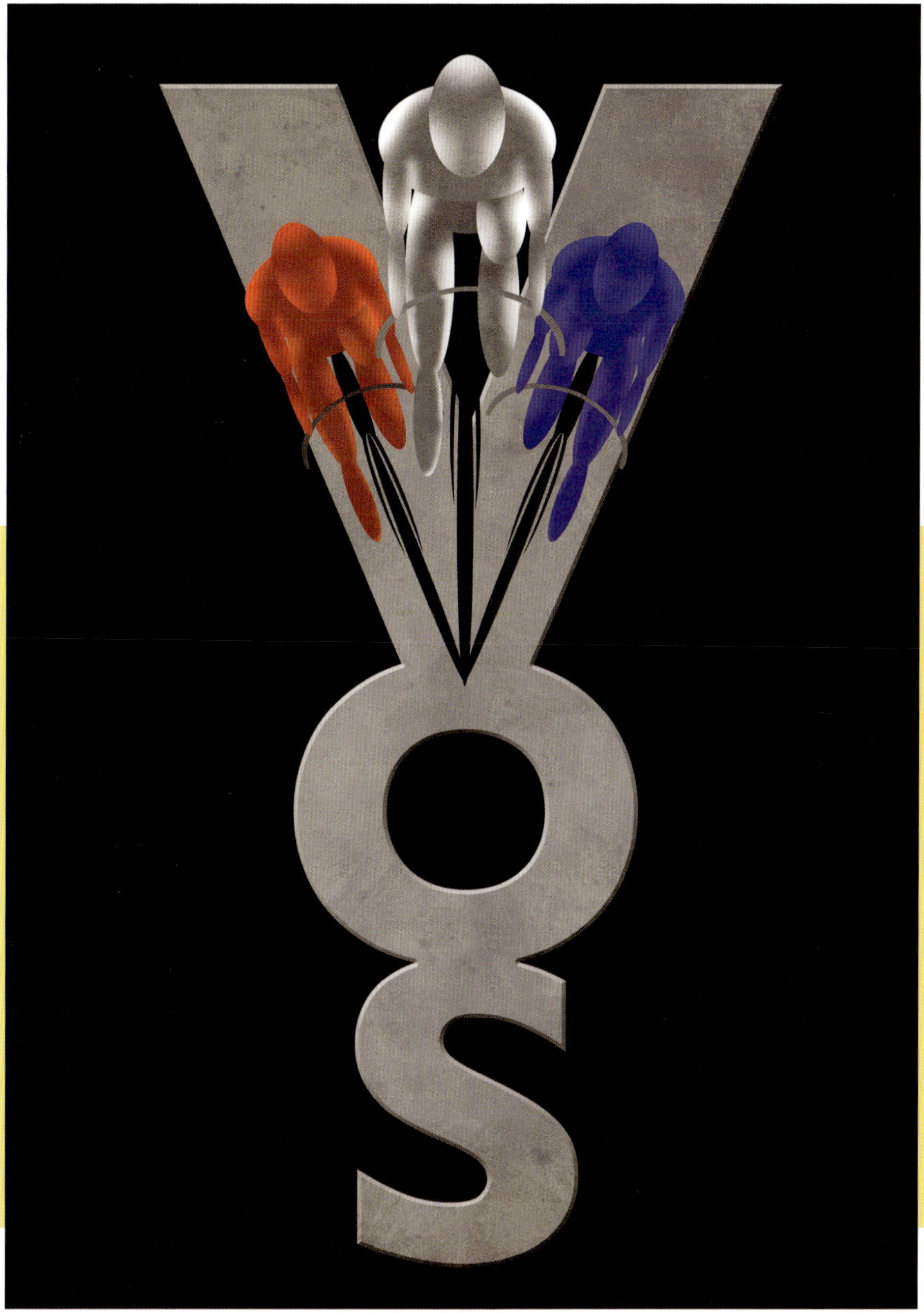
VOS

und siegte. Dieses Rennen leistete viel Pionierarbeit und erhöhte das Interesse am Frauenradsport. Vos ist aktives Mitglied in der Interessengruppe *Le Tour Entier*, die den Frauenradsport stärker in den Fokus rücken und eine Tour de France der Frauen ins Leben rufen soll.

Vos saß mit sechs Jahren zum ersten Mal auf dem Rad, inspiriert von ihrem älteren Bruder Anton. Mit acht Jahren nahm sie erstmalig an Rennen teil und schlug nicht selten die Jungs. Nachdem sie ihren ersten Weltmeistertitel im Jahr 2004 holte, wurde sie Profi – für eine Frau ein unüblicher Schritt, aber sie wollte »es einfach mal probieren«. Zunächst hatte sie Probleme, mit ihrem neu gewonnenen Status als Star umzugehen, doch dann wurde sie immer selbstbewusster und avancierte zu einer engagierten Anwältin für ihren Sport.

**ANGEBERWISSEN** ► *Es war keine Schande für die Britin Lizzie Armitstead, ausgerechnet gegen Vos bei den heimischen Spielen 2012 zu verlieren, denn – Vos is the Boss!*

# VELODROM

Beim Bahnradfahren entsteht eine Atmosphäre wie beim Fußball, Eishockey oder Handball – statt auf offener Straße treten die Fahrer auf einer Bahn aus Holz, Metall oder Asphalt gegeneinander an. Sofern das in einer Halle oder einem Stadion stattfindet, spricht man von einem Velodrom. Das Wort kommt aus dem Französischen – wie so viele Radsportbegriffe – und setzt sich aus *vélo* (Fahrrad) und *drome* (Rennbahn) zusammen. Früher wurden Velodrome noch für alle möglichen Sportarten genutzt, und in Deutschland waren Wettkämpfe auf der Bahn irgendwann so populär, auch dank der Steherrennen, dass es in fast jeder deutschen Stadt ein Velodrom gab. Heutzutage hat sich das Bild geändert, es existieren nur noch wenige funktionstüchtige Bahnen in Deutschland.

**ANGEBERWISSEN** ► *Zu den schnellsten Bahnen der Welt zählt neben dem Velodrom in Moskau das Velodrom in Berlin, in dem 2015 aber auch die Schwimmeuropameisterschaften veranstaltet wurden – man hatte kurzerhand ein Schwimmbecken eingebaut.*

ANSTIEG

# VENTOUX

**HÖHE IM ZIEL ►** 1909 Meter
**HÖHENMETER ►** 1610 Meter
**DURCHSCHNITTLICHE STEIGUNG ►** 7,6 Prozent
**MAXIMALE STEIGUNG ►** 10,7 Prozent
**LÄNGE DES ANSTIEGS ►** 21 Kilometer
**GEOGRAFISCHE LAGE ►** Provence, Frankreich

Der Mont Ventoux – auch als *Mont Chauve* oder Gigant der Provence bezeichnet – ist ein Kalksteinberg und Teil des *massif de Cèdres*, das sich über den Lavendelfeldern in der Provence im Süden Frankreichs erhebt. Der Gradient steigt auf maximal 11 Prozent an, wenn die Straße die Baumgrenze überschreitet und auf den Gipfel aus Kalkstein-Geröll führt, auf dem der Wind Geschwindigkeiten von bis zu 320 km/h erreicht – das Wort *ventoux* bedeutet windig auf Französisch –, stark genug, um im Jahr 2013 die massive Granitplatte des Tom-Simpson-Denkmals umzublasen. Der französische Philosoph Roland Barthes nannte ihn mit der üblichen Übertreibung den »Gott des Bösen«. Nur wenige sind so gefürchtet wie der legendäre Berg. Eddy Merckx brauchte nach seinem Sieg 1970 eine Sauerstoffkur im Ziel. Ferdy Kübler lancierte eine Attacke am Fuß des Anstiegs, stürzte mehrere Male, erlitt einen Hitzschlag und beendete noch am gleichen Abend seine Karriere mit den Worten: »Ferdy hat Selbstmord auf dem Ventoux begangen.« Auf der gleichen Etappe brach Jean Malléjac zusammen und verlor für 15 Minuten das Bewusstsein – ein schreckliches Omen für die Ereignisse, die sich zwölf Jahre später um Tom Simpson abspielen sollten.

Der Ventoux dient oft als Ziel einer Etappe und war erstmalig Endstation im Jahr 1958, als Charly Gaul gewinnen konnte. Bei der Tour 2016 wurde wegen der starken Winde das Etappenziel zwei Kilometer vor den Gipfel verlegt und die Zuschauermassen standen extrem eng, sodass ein Begleitmotorrad plötzlich abbremsen musste. Richie Porte, Christopher Froome und Bauke Mollema fuhren auf und stürzten. Beim späteren Tour-Sieger brach der Rahmen, Ersatz war so schnell nicht zu haben – also joggte er in Radschuhen den Berg hinauf, bis er endlich ein Ersatzfahrrad bekam.

**ANGEBERWISSEN ►** *»Du weißt, ich bin ein Mitglied im* Club des Cinglés.*« (Dieser »Club« ist für Fahrer, die den Ventoux auf allen drei Routen innerhalb von 24 Stunden erklommen haben.)*

# VICTORY SALUTE (JUBELPOSE)

Wenn ein Fahrer über die Ziellinie fährt, richtet er normalerweise noch einmal das Trikot, damit der Hauptsponsor gut sichtbar ist, dann hebt er die Arme zum Sieg. Aber es gab in der Vergangenheit einige bemerkenswerte Abweichungen: Carlos Sastre nuckelte am Schnuller seiner Tochter, Mark Cavendish schickte einen nicht gerade freundlichen Gruß an seine Kritiker. Den ungewöhnlichsten Jubel zeigte Filippo Simeoni 2001, als er vom Rad abstieg und es über die Ziellinie trug.

**SCHON GEWUSST? ►** Alberto Contador, der »Pistolero«, hat sich seinen imaginären Pistolenschuss schützen lassen, es gibt eine Reihe Merchandising-Artikel.

# VIRENQUE, Richard

**GEBOREN** 19. November 1969, Casablanca, Marokko
**NATIONALITÄT** französisch
**AKTIVE ZEIT ALS PROFI** 1991 bis 2004
**FAHRERTYP** Kletterspezialist
**SPITZNAME** Ricco
**GRÖSSTE ERFOLGE** 7x bester Bergfahrer bei der Tour de France (1994–1997, 1999, 2003, 2004), 1x Gewinner Paris–Tours (2001)
**GRÖSSTER RIVALE** Marco Pantani

Richard Virenque ist – auf dem Papier – mit seinen sieben Gepunkteten Trikots der größte Kletterer aller Zeiten. Doch der Franzose, der dafür bekannt war, lange Attacken zu fahren, wird bis heute von Radsportfans für seinen Part in der Festina-Affäre (siehe S. 47) mit Verachtung gestraft. Virenque war und ist bis heute der geradezu märchenhafte Bösewicht, der überaus arrogant Dopinganschuldigungen abstreitet. In seinem Heimatland hingegen ist er nach wie vor populär und arbeitet als Kommentator für Eurosport.

Als Virenque 2004 sowohl Lucien Van Impes als auch Federico Bahamontes Rekord von sechs Bergtrikots einstellen konnte, kritisierte ihn Van Impe als Opportunist und meinte, er selbst hätte Bahamontes Bestmarke nicht übertrumpfen wollen – aus Respekt vor dem großen Spanier. Bahamontes schaltete sich ein und fügte hinzu, es sei eine Schande, dass Virenque nun als bester Bergfahrer in der Tour-Geschichte gelte, obwohl er niemals die Fähigkeiten auf den Gesamtsieg gehabt habe – sowohl Bahamontes (1959) als auch Van Impe (1976) standen in Paris ganz oben auf dem Podium.

Bahamontes Kritik – dass der Franzose niemals ein ernsthafter Konkurrent im Gesamtklassement war und es ihm sozusagen erlaubt wurde, ins Gepunktete Trikot zu fahren, gerade weil er keine Bedrohung darstellte – ist nicht ganz fair. Denn gegen Ende von Virenques Karriere zeigte sich, dass der Radsport sich immer mehr spezialisiert hatte und der Gesamtsieger einer Rundfahrt in der Regel nicht auch noch in anderen Wertungen ganz oben stand. Doch mit der Unterstützung des Festina-Teams war Virenque sehr wohl ein ernst zu nehmender Konkurrent, nicht nur dazu in der Lage, einen der besten Kletterer wie Pantani 1994 vier Minuten hinter sich zu lassen, sondern auch auf dem Podium zu finishen – 1996 wurde er Dritter und 1997 sogar Zweiter bei der Tour de France. Bei seiner besten Platzierung seines Heimatrennens holte er sich einen Etappensieg hinauf nach Courchevel und sprintete Jan Ullrich einfach davon, obwohl sich Gerüchte halten, der Sieg sei gekauft gewesen. Bei einem eigentlich harmlosen Anstieg in den Vogesen hatte er Ullrich plötzlich so weit. Der Franzose war ein angstfreier Abfahrer, teils völlig verrückt, Ullrich hingegen nicht, sodass er den Anschluss verlor. Doch Pantani lehnte es ab, mit Virenque gemeinsam zu arbeiten. Später stellte sich heraus, dass Virenque Ullrich 100 000 Franc geboten haben soll, damit er ihn die Etappe gewinnen lasse, und kurz darauf Pantani und Olano jeweils 10 000 Franc, damit die Südeuropäer ihm helfen, die Tour zu gewinnen. Doch das war nur ein weiterer Skandal in der Vita Virenques, obwohl das Verschieben von Rennen so alt wie der Sport selbst ist.

Virenque weinte, als er und sein Team im folgenden Jahr von der Tour ausgeschlossen wurden. Mit den Doping-Anschuldigungen konfrontiert, wand sich der Franzose und behauptete, ohne sein Wissen verbotene Mittel verabreicht bekommen zu haben, wofür er von der französischen Presse an den Pranger gestellt wurde. Am Ende der 2000er-Saison wurde er gesperrt, als er vor Gericht Doping zugab – nachdem er 1999 erneut bester Bergfahrer bei der Tour geworden war und 2000 einen Etappensieg seinem *palmarès* hinzufügte. Bei der Tour 2002 kehrte er zurück, gewann die Etappe auf den Mont Ventoux und holte sich noch zweimal das Bergtrikot, bevor er 2004 die Karriere beendete. Sein letztes Ausrufezeichen war ein Etappensieg (sowie Sieg in der Bergwertung) bei seiner finalen Tour-Teilnahme am französischen Nationalfeiertag. Er griff am ersten von neun Bergen an, setzte sich ab und fuhr 204 Kilometer allein bis ins Ziel. So trat er mit einem Paukenschlag ab, der für immer an seine früheren Angriffe in den Alpen und Pyrenäen erinnern würde.

**SCHON GEWUSST?** ▸ 2006 konnte Virenque bei der französischen Ausgabe von *Ich bin ein Star, holt mich hier raus!* gewinnen und damit seinen Ruf als »Liebling der französischen Hausfrauen« beweisen.

**ANGEBERWISSEN** ▸ *Es gibt eine Rockband aus Spanien mit dem Namen Virenque – nicht Indurain, sondern Virenque.*

VUELTA

# VUELTA A ESPAÑA

**AUSTRAGUNGSORT** ▸ Spanien
**ART DES RENNENS** ▸ dreiwöchige Rundfahrt, 21 Etappen mit zwei Pausentagen
**ETAPPEN** ▸ flache (ideal für Sprinter), gemischte (ideal für Ausreißer), Berg- (ideal für Bergziegen) sowie Zeitfahretappen (ideal für Zeitfahrer)
**ZEITPUNKT** ▸ September
**MEHRFACHSIEGER** ▸ Tony Rominger (Schweiz), Roberto Heras und Alberto Contador (beide Spanien) haben jeweils dreimal gewonnen
**MEISTE LÄNDER-SIEGE** ▸ Spanien
**GRÖSSTE MOMENTE** ▸ Freddy Maertens, der 1977 insgesamt 13 Etappen gewinnen kann, die meisten jemals erzielten Siege bei einer Grand Tour (er wurde Gesamtsieger und bester Sprinter). Éric Caritoux, der 1984 mit nur sechs Sekunden Vorsprung gewinnt, dem kleinsten Vorsprung überhaupt bei einer der größten Rundfahrten. Chris Horner, der sich im Alter von 41 Jahren als der älteste Gewinner bei Tour, Giro oder Vuelta in die Siegerlisten einträgt
**TRIKOTS** ▸ Rotes Trikot: Gesamtführender; Grünes Trikot: bester Sprinter; Weißes Trikot (mit blauen Punkten): bester Bergfahrer; Weißes Trikot: bester Nachwuchsfahrer.

Die Vuelta ist die jüngste der drei großen Rundfahrten, 1935 von einer Zeitung ins Leben gerufen, der *Diario Internacionales*, um das Landleben Spaniens zu präsentieren. Die erste Vuelta über 5500 Kilometer gewann über 14 Etappen der Belgier Gustaaf Deloor. Aber sowohl der Spanische Bürgerkrieg als auch der Zweite Weltkrieg sorgten dafür, dass das Rennen erst ab 1955 jährlich ausgetragen werden konnte. 1995 wurde vom traditionellen Startzeitraum im April auf den September gewechselt, um einen Terminkonflikt mit dem Giro d'Italia zu umgehen.

Die Vuelta gilt als Rennen für Kletterspezialisten und weist einige der schwersten Berge der drei Grand Tours auf, inklusive des beängstigenden Angliru (siehe S. 11), dessen härtesteter Abschnitt *Cueña les Cabres* (Ziegenweg) genannt wird – denn mehr ist es auch nicht. Er ist so steil, dass selbst die besten Fahrer zum Stehen kamen. Der Brite David Millar stürzte dreimal beim Aufstieg im Jahr 2008, dann reichte es ihm und er stieg ab, riss sich 500 Meter vor dem Ziel die Startnummer ab und gab das Rennen auf.

Traditionell ist die spanische Hauptstadt Madrid das Ziel der Vuelta. Bisher landeten drei deutsche Fahrer ganz oben auf dem Podium: Rudi Altig 1962, Rolf Wolfshohl 1965 und Jan Ullrich 1999. Das Rennen genießt – wen wundert's – vor allem bei Spaniern einen hohen Stellenwert, was ausländische Fahrer wie Robert Millar bereits zu spüren bekamen. Durch eine »formidable spanische Koalition« *(L'Equipe)* wurde er 1985 um seinen Gesamtsieg gebracht.

Die Vuelta bleibt in der Regel innerhalb der Grenzen Spaniens. Auch wenn 2009 bei Emmerich erstmals deutsches Gebiet überfahren wurde, hat Spanien mit dem üppigen grünen Baskenland bis hin zu den Höhenzügen der Pyrenäen, über die Ebenen des Südostens hin zu den schönen Stränden der Costa de la Luz wahrlich genug Herausforderungen zu bieten.

**ANGEBERWISSEN** ▸ *Chris Horner ist der älteste Sieger, der je eine große Rundfahrt gewinnen konnte. Bei seinem Sieg war er 41 Jahre alt.*

# W WIE ...

FAHRER

## WIGGINS, Sir Bradley

**GEBOREN** 28. April 1980, Gent, Belgien
**NATIONALITÄT** britisch
**AKTIVE ZEIT ALS PROFI** seit 2001
**FAHRERTYP** Stark auf der Bahn und auch auf der Straße, sehr guter Zeitfahrer
**SPITZNAME** Wiggo
**GRÖSSTE ERFOLGE** Tour de France (2012), 3x Giro d'Italia (1980, 1982, 1985), olympisches Gold im Zeitfahren (2012), 6 Goldmedaillen bei Weltmeisterschaften auf der Bahn (2003, 2007, 2008), 4 Goldmedaillen bei Olympia auf der Bahn (2004, 2008, 2016)
**GRÖSSTER RIVALE** Chris Froome

Sir Bradley Wiggins gehört zu der seltenen Spezies von Fahrern, die sowohl auf der Bahn als auch auf der Straße herausragende Leistungen bringen. Im modernen Radsport, in dem sich die Fahrer entweder auf die Rundfahrten oder die Bahn spezialisieren (müssen), hatte er in allen Disziplinen großen Erfolg, wie ein Blick auf seinen *palmarès* verrät.

Der Sohn eines Profi-Radsportlers wurde zwar in Belgien geboren, wuchs jedoch in Kilburn bei London auf und fing mit zwölf Jahren mit dem Radsport an, angestachelt durch den Erfolg von Chris Boardman bei den Spielen 1992. Schon einem seiner Lehrer versicherte er damals, er werde olympisches Gold *und* das Gelbe Trikot holen. Frühe Erfolge stellten sich auf der Bahn ein, er wurde Juniorenweltmeister in der Verfolgung mit 18 Jahren, weitere sollten folgen. Wiggins ist der erfolgreichste Olympionike Großbritanniens mit sieben Medaillen, aber der Durchbruch auf der Straße gelang ihm erst mit 29, als er für das amerikanische Garmin-Team fahrend Vierter bei der Tour de France 2009 wurde (mittlerweile Dritter nach der Aberkennung aller Titel von Lance Armstrong). Doch erst drei Jahre später, jetzt bei dem britischen Team Sky, gelang es Wiggins als erstem Briten, ganz oben auf dem Podium bei der Tour de France zu stehen und sein Versprechen aus Kindertagen einzulösen.

FORTSETZUNG SIEHE FOLGESEITE

Bekannt als »der schnellste Mod auf zwei Rädern«, ist der adelige Radsportler ein großer Fan von Paul Weller, eleganten Anzügen und Koteletten. Wenn man ihn über seine Karriere befragt, antwortet er, »es ist der Stoff, aus dem die Träume sind … Als Kind, also noch als Radsportfan, hab ich niemals gedacht, dass ich es so weit bringen würde. Kinder aus Kilburn werden niemals zu Tour-Favoriten. Man erwartet von dir, dass du als Briefträger oder Milchmann oder Buchmacher bei Ladbrokes arbeitest.« Nun, Ladbrokes' Verlust war der große Gewinn für den Radsport.

2015 brach Wiggins den Stundenweltrekord in London mit 54,526 Kilometern, 1,5 Kilometer mehr als die alte Bestmarke, und wurde Mitglied in einem exklusiven Klub mit Coppi, Anquetil, Merckx und Indurain, die sowohl die Tour gewinnen als auch den Stundenweltrekord verbessern konnten. Ende 2016 beendete er seine erfolgreiche Karriere.

**SCHON GEWUSST?** ▸ Wiggins Vater Gary schmuggelte Amphetamine durch den Zoll in den Windeln seines Sohnes, was Bradley zu einem verhemententen Anti-Doping-Verfechter machte. Gary Wiggins starb 2008 unter mysteriösen Umständen bei einer Schlägerei auf einer Party in seinem Geburtsland Australien.

**ANGEBERWISSEN** ▸ *Als Wiggo bei* Desert Island Discs *auftrat, wählte er David Bowies Lied* Sound & Vision *sowie ein Familienalbum als einziges Mitbringsel. (Bei der BBC-Radiosendung soll der Gast acht Dinge benennen, die er auf eine einsame Insel mitnehmen würde.)*

# WHEELSUCKER (HINTERRADLUTSCHER)

Das sind die Fahrer, die bei einem Ausreißversuch immer nur am Hinterrad des Vordermanns im Wind kleben. Die freundliche Bezeichnung hierfür lautet »Drafting« oder »Windschatten fahren«, und es spart dem Fahrer bis zu 20 Prozent an Energie, wenn er sich im Schutze des Vorausfahrenden bewegt. Berühmt wurde Laurent Fignon, der Greg LeMond als »Wheelsucker« bei der Tour 1989 bezeichnete. Fignon war ein angriffslustiger Fahrer, während LeMond eher berechnend fuhr und dazu tendierte, sich an das Hinterrad seines Gegners zu klemmen. Drafting gehört zu den legitimen taktischen Mitteln, aber keiner mag es, als Fahrer beschimpft zu werden, der ausschließlich am Hinterrad lutscht und niemals in den Wind geht. Kurz gesagt: Der Hinterradlutscher ist der nervende Typ, der an deinem Hinterrad klebt und dich im Sprint besiegt. Niemand mag so jemanden.

Vom Kirmesrennen im Ort bis hin zur Tour de France: Jeder Radsportler möchte ganz oben auf dem Podium stehen. Als der große Eddy Merckx sein erstes Rennen gewann, hat er geschrien: »Ich hab gewonnen, jetzt muss ich nie mehr in die Schule!« Für andere fühlten sich die Siege nicht immer so toll an: Bradley Wiggins sprach öffentlich darüber, dass der Sieg bei der Tour ihm nicht guttat und er danach in Depressionen verfiel. Und Lance Armstrong gab zu, dass seine »Gewinnen um jeden Preis«-Einstellung, die er sich bei seinem Kampf gegen den Krebs aneignete, ihn im Anschluss direkt zum Doping brachte.

**ANGEBERWISSEN** ▸ *Wie Mario Cipollini schon sagte: Wer bremst, verliert.*

WHEELSUCKER

53x11

# X WIE ...

## 53 × 11

Oder 25 x 11 oder 29 x 12 oder eine der unzähligen Übersetzungen, die Radprofis tagtäglich im Rennen verwenden. »53 x 11« ist in der Regel die höchste Übersetzung, die an einem Rennrad verbaut wird. Ganz einfach ausgedrückt: Je besser man als Radsportler ist, desto höher die Übersetzung, die ich fahren kann.

Würden die modernen Fahrräder nicht über Gangschaltungen verfügen, dann würden wir im Prinzip immer noch wie auf Hochrädern fahren, also mit einer 1:1-Übersetzung (sogenannte Fixies funktionieren allerdings genauso). Wenn Sie vorn ein Kettenblatt mit 42 Zähnen haben und die Kette hinten auf einem 14er-Ritzel aufliegt, dann ist die Übersetzung 3:1 (42:14 = 3:1). Was nichts anderes bedeutet, als dass Sie mit jeder Pedalumdrehung drei volle Radumdrehungen bewirken. Anders ausgedrückt: Ihr tatsächliches Hinterrad ist tatsächlich viel kleiner – in der Regel 26 Zoll –, denn die gedachte Größe des Hinterrades beträgt 78 Zoll. In diesem Fall bedeutet kleiner auch sicherer, führt man sich das Hochrad vor Augen.

Eine Gangschaltung ermöglicht es Ihnen, Ihr Fahrrad mit einer Pedalumdrehung über unterschiedlich lange Distanzen zu bewegen. Kleine Gänge sind ideal für Anstiege, eine Pedalumdrehung bedeutet wenig Strecke, aber hierfür ist auch wenig Kraft nötig. In einem mittleren Gang kann man in der Regel längere Distanzen zurücklegen. Im Flachen oder Welligen ist der größte Gang meist für den Ortsschildsprint reserviert: Als Erster über die imaginäre Ziellinie fliegen wie Marcel Kittel, davon träumt doch jeder ...

Eine Sache sei noch empfohlen: Wenn es geht, vermeiden Sie es, gleichzeitig auf dem kleinsten Kettenblatt und Ritzel oder umgekehrt zu fahren. Durch die Diagonale nutzen sich sowohl Kette als auch die Zähne schneller ab (gerade bei drei Kettenblättern vorn). Häufig signalisiert in diesem Fall auch ein leichtes Rasseln, dass die gewählte Übersetzung nicht ideal ist.

**ANGEBERWISSEN** ► *Ich glaub es einfach nicht, du fährst ja im Oma-Gang! (Schöner Spruch, wenn Sie am Berg an Ihrem Gegner vorbeiziehen und ihn noch ein wenig demoralisieren möchten. Der Oma-Gang meint das kleinste Kettenblatt und das größte Ritzel, also den kleinsten Gang – für Großmütter.)*

# Y WIE ...

## YELLOW JERSEY (GELBES TRIKOT/MAILLOT JAUNE)

Der größte Preis im Radsport, das Gelbe Trikot – oder *maillot jaune* auf Französisch –, wurde im Jahr 1919 bei der Tour de France eingeführt. Obwohl einzelne Fahrradhersteller Mannschaften bereits seit 1909 unterstützt hatten, fuhren nach dem Ersten Weltkrieg alle Fahrer für eine zusammengewürfelte Mannschaft, das La-Sportive-Team. Es mangelte schlichtweg an Mitteln, um einzelne Mannschaften in den Nachwehen des Krieges zu unterstützen. Alle Fahrer trugen graue Trikots, die ursprüngliche Teamzugehörigkeit wurde mit farbigen Epauletten angezeigt: violett für Peugeot, dunkelgrün für Automoto, blau für Alcyon usw. Alphonse Baugé, Sportlicher Leiter für Peugeot und später für Alcyon, hatte schon Versuche unternommen, sein Team in Gelb fahren zu lassen, sodass sich die Fahrer untereinander leichter auf der Straße erkennen konnten. Eine Idee nahm Form an: Warum kennzeichnen wir nicht den Gesamtführenden mit einem markanten Trikot? Und was gäbe es für eine bessere Farbe als Gelb, nicht nur sehr gut sichtbar, sondern auch noch in den gleichen Farben wie die Seiten der Zeitung *L'Auto* – immerhin Sponsor des Rennens? Der erste Fahrer, dem diese neue Ehre zuteil wurde, war Eugène Christophe, obwohl er es niemals schaffte, es bis nach Paris hinüberzuretten. Eddy Merckx hat es öfter übergestreift als jeder andere Fahrer, obwohl er es niemals drei Wochen am Stück getragen hat. Das gelang nur drei Fahrern: Ottavio Bottecchia (1924), Nicolas Frantz (1928) und Romain Maes (1935). Fabian Cancellara hält den Rekord für die meisten Tage im *maillot jaune*, ohne je die Gesamtwertung gewinnen zu können: 28-mal fuhr er im gelben Leibchen.

Im Jahr 1947 ereignete sich etwas Kurioses: Louison Bobet lehnte es ab, in Gelb zu fahren. Das Trikot war von Sofil gesponsert, einer Firma, die synthetisches Garn herstellte, doch Bobet trug ausschließlich Wolle. Er litt an einer Hautkrankheit und war der Auffassung, Wolle sei hygienischer. Da kein Kompromiss in Sicht war, knickte Sofil ein und stellte ein Trikot aus Wolle zur Verfügung. Wie es sich mit den meisten Geschichten um die Tour verhält, gibt es natürlich noch eine andere Version von der Geburtsstunde des Gelben Trikots, die wie folgt lautet: Gelbe Trikots waren die einzigen, die im Nachkriegs-Frankreich auch in großer Zahl verfügbar waren: Gelb war eine äußerst unbeliebte Farbe, man verband sie mit Feigheit.

**SCHON GEWUSST?** ► Das Gelbe Trikot war auf der linken Brust mit den Initialen »H. D.« bestückt, nach Henri Desgrange, dem »Vater der Tour de France«.

**SCHON GEWUSST?** ► Philippe Thys, der die Tour de France 1913, 1914 und 1920 gewinnen konnte und »Dachshund« genannt wurde wegen seines geduckten Fahrstils, behauptete fortwährend, er sei der Erste gewesen, den man gefragt hätte, ob er das Gelbe Trikot tragen wolle. Baugé soll ihn bereits 1914 gefragt haben, doch er lehnte es aus Furcht davor ab, die anderen Fahrer könnten ihn als Kanarienvogel verspotten.

**ANGEBERWISSEN** ► *Das Gelbe Trikot lässt sich hinten am Rücken öffnen, ein wenig wie ein Krankenhauskittel. Für die Hostessen ist es so einfacher, dem Fahrer das Trikot schnell überzustreifen. Und schließlich, wer möchte der Armbeuge eines Fahrers schon zu nahe kommen, der sechs Stunden im Sattel gesessen hat?*

# Z WIE …

ANSTIEG

## ZONCOLAN

**HÖHE IM ZIEL** ▸ 1750 Meter
**HÖHENMETER** ▸ 1210 Meter
**DURCHSCHNITTLICHE STEIGUNG** ▸ 11,5 Prozent
**MAXIMALE STEIGUNG** ▸ 20 Prozent
**LÄNGE DES ANSTIEGS** ▸ 10,5 Kilometer
**GEOGRAFISCHE LAGE** ▸ Italienische Alpen

Es gibt ein Banner, das quer über die Straße am Fuße des Zoncolan hängt, darauf steht: *La porta per l'inferno*, also das Tor zur Hölle. Auch wenn die ersten Kilometer täuschend leicht daherkommen, der Anstieg schlängelt sich unbarmherzig weiter ansteigend nach oben auf einer miserablen Straßenoberfläche, sodass sich der Spruch mehr und mehr bewahrheitet. Der Zoncolan ist ein ähnlicher Mythos wie Alpe d'Huez, der Galibier oder der Angliru, obwohl er erst 2003 Aufnahme in das Programm des Giro fand und seitdem nur vier weitere Male angesteuert wurde. Die meisten Fahrer sind irgendwann kaum zu mehr in der Lage, als eine Pedalumdrehung nach der anderen auf dem Weg zum Gipfel zu vollführen. Nur nicht absteigen! Ausschließlich wirklich guten Kletterern bietet sich vielleicht noch die Chance, richtig in die Pedale zu treten und einen Angriff zu starten, besonders auf den letzten sechs Kilometern, die mit einer durchschnittlichen Steigung von 15 (!) Prozent aufwarten.

**ANGEBERWISSEN** ▸ *Fabiana Luperini gewann hier 1997, als der Zoncolan Etappenziel beim Giro d'Italia der Frauen war – sechs Jahre vor der ersten Befahrung durch die Männer.*

# ZABEL, Erik

**GEBOREN** 7. Juli 1970, Berlin (Ost)
**NATIONALITÄT** deutsch
**AKTIVE ZEIT ALS PROFI** 1993 bis 2008
**FAHRERTYP** Sprinter
**SPITZNAME** Ete, Mr Milan–Sanremo
**GRÖSSTE ERFOLGE** 6x Grünes Trikot bei der Tour de France (1996–2001), 3x Gepunktetes Trikot bei der Vuelta a España (2002–2004), 4x Mailand–Sanremo (1997, 1998, 2000, 2001)
**GRÖSSTE RIVALEN** Stuart O'Grady, Mario Cipollini, Laurent Jalabert, Robbie McEwen

Erik Zabel gehört zu den größten Sprintern aller Zeiten, er hat mehr Punkte-Trikots eingefahren als jeder andere Fahrer und war der große Dominator der Tour im Sprint von 1996 bis 2001.

Nach einer Reihe guter Ergebnisse bei den Amateuren ging Zabel zum Team Telekom (später T-Mobile), das – zusammen mit Festina – zu den stärksten Mannschaften bei den großen Rundfahrten in den 90ern zählte. Die Tour de France 1996 dominierte Telekom mit Bjarne Riis, dem ersten Gesamtsieger aus Dänemark, und Jan Ullrich als bestem Nachwuchsfahrer, Zabel holte das Grüne Trikot. Im Folgejahr setzte das Team noch einen drauf: Jan Ullrich gewann als erster Deutscher im Alter von 23 Jahren die Tour de France. Sein Vorsprung von 9 Minuten und 9 Sekunden auf den Zweitplatzierten war der größte Abstand seit 1984, und sein Sieg im Gesamtklassement und der Nachwuchsfahrerwertung war keinem mehr seit Laurent Fignon 1983 gelungen). Zabel fuhr im Grünen Trikot nach Paris, und das Team Telekom war die beste Mannschaft.

Zabels Stärke war seine Fähigkeit, trotz seines unglaublich kraftvollen Sprints gut über die Berge zu kommen – das machte ihn nahezu unaufhaltsam. Während Gegner wie Mario Cipollini schon beim Anblick der Alpen oder Pyrenäen vom Rad stiegen, überstand Zabel die Hochgebirge relativ gut und erreichte immer das Ziel. Der Berliner war keine reine Sprintmaschine wie ehedem Cipollini oder heute Greipel oder Kittel. Und er war nicht immer der schnellste Sprinter, aber die fehlende Geschwindigkeit machte er durch konstantes Punktesammeln während der Etappen wieder wett. Tatsächlich sicherte er sich das Grüne Trikot in den Jahren 1998 und 1999, ohne eine einzige Etappe gewonnen zu haben, was seinen Konkurrenten Robbie McEwen prompt zu der Forderung veranlasste, man möge doch die Regeln dahingehend ändern, der Sieger in der Sprintwertung müsse wenigstens eine Etappe für sich entschieden haben.

Konstant, zäh und taktisch gewieft: Diese Eigenschaften brachten ihm so viele Punkte-Trikots ein, inklusive eines wirklich bemerkenswerten Kampfes mit dem Australier Stuart O'Grady im Jahr 2001, dem letzten Jahr seiner Serie. O'Grady fuhr elf Etappen lang in Grün, doch Zabel stibitzte Punkt für Punkt, sodass er nur mit zwei Punkten Rückstand auf die letzte Etappe nach Paris ging. Der Tscheche Ján Svorada sicherte sich den begehrten Tagessieg auf den Champs-Élysées, doch Zabels zweiter Platz vor O'Grady verschuf ihm einen Vorsprung von acht Pünktchen. Die Leistung ist umso höher zu bewerten, als dass das Team Telekom Zabels favorisierten Anfahrer Gian Matteo Fagnini nicht berücksichtigt hatte. Doch Zabel gelang es dennoch, bei drei Etappen das richtige Hinterrad zu erwischen und den Tagessieg einzufahren.

FORTSETZUNG SIEHE FOLGESEITE

Nach seinem Karriereende blieb Zabel dem Radsport erhalten und betreute Mark Cavendish bei seinem Sieg bei der 100. Ausgabe von Mailand–Sanremo, einem Rennen, das Zabel viermal in seiner Karriere gewinnen konnte.

Aber Zabels größte Erfolge fallen in die schwärzeste Periode des Radsports, und auch der sympathische Berliner war anfällig für die Verlockungen des Dopings. Unvergessen sein tränenreiches Geständnis auf einer Pressekonferenz von 2007. Doch erst 2013 bekannte er angesichts erdrückender Indizien in der *Süddeutschen Zeitung*, zwischen 1996 und 2003 mit EPO, Kortison und Eigenblut gedopt zu haben.

**SCHON GEWUSST?** ▸ Zabel startete in die Saison 2004 mit einer Niederlage – er wurde Zweiter bei *seinem* Rennen, Mailand–Sanremo: Der Berliner glaubte sich sicher und jubelte zu früh, sodass Oscar Freire sich noch vorbeispitzelte. Bei den Straßenweltmeisterschaften am Ende der Saison wurde er wiederum Zweiter – hinter Oscar Freire.

# ZOETEMELK, Joop

**GEBOREN** ▸ 3. Dezember 1946, Rijpwetering, Niederlande
**NATIONALITÄT** ▸ niederländisch
**AKTIVE ZEIT ALS PROFI** ▸ 1970 bis 1987
**FAHRERTYP** ▸ Allrounder
**SPITZNAME** ▸ Joop, der Hinterradlutscher (Eddy Merckx bezeichnete ihn so wegen seiner zahlreichen zweiten Plätze); der fränzösischste Holländer (er fuhr für eine ganze Reihe französischer Teams – Mercier, Gitane und LeJeune – und machte Frankreich zu seiner zweiten Heimat, dort betreibt er ein Hotel in Meaux); der Holländer der Tour
**GRÖSSTE ERFOLGE** ▸ Tour de France (1980), Vuelta a España (1979), Straßenweltmeister (1985), 3x Paris–Nizza (1974, 1975, 1979), 2x Paris–Tours (1977, 1979)
**GRÖSSTE RIVALEN** ▸ Eddy Merckx, Bernard Hinault

In jeder anderen Ära hätte Hendrik Gerardus Joseph Zoetemelk, besser bekannt als Joop, viel mehr Rennen gewonnen, als es ihm tatsächlich gelang. Doch seine Karriere begann während der Ägide von Merckx und endete während der Vorherrschaft Hinaults, also zwei der vielleicht größten Fahrer aller Zeiten.

Da Zoetemelk von Natur aus blass war, lautete ein Witz, dass er niemals braun werden könne, denn er stehe ja stets im Schatten von Merckx. Jeder, der mit ihm zusammenarbeitete, war schnell voll des Lobes:. Er hielt sich an die Regeln, kam mit den Leuten klar, verlangte nicht nach Domestiken. Doch man erinnert sich nicht an ihn wegen seiner Umgänglichkeit, sondern wegen seiner Erfolge bei der Tour: 16 Tour-Teilnahmen, bei denen er niemals schlechter als 30. wurde und zwischen 1970 und 1982 niemals schlechter als auf Platz 8 ins Ziel kam. Er wurde in dieser Zeit sechsmal Zweiter, bevor er 1980 endlich gewinnen konnte, als er für das niederländische TI-Raleigh-Team an den Start ging. Als kompletter Fahrer fuhr er darüber hinaus Siege bei Paris–Nizza oder beim Amstel Gold Race ein und wurde nationaler Meister. Im hohen Radsportalter von 38 Jahren holte er sich den Sieg bei den Straßenweltmeisterschaften und war damit der älteste Fahrer, der je das Regenbogentrikot überstreifen durfte.

Doch Zoetemelk hatte ein dunkles Geheimnis – seine französische Ehefrau Françoise war Alkoholikerin. Zoetemelk sagte darüber: »Ich hab meinem Schwiegervater ganz offen gesagt: Wenn mir deine Familie erspart geblieben wäre, hätte ich eine erfolgreichere Karriere im Radsport hingelegt.« Er zog sich mehr und mehr zurück. Mannschaftskollegen sagten über ihn, dass er zunehmend am unberechenbaren Verhalten seiner Frau verzweifelte und ratlos war, wie er seine zwei Kinder erziehen sollte. Sein Sohn Karl wurde immerhin französischer Meister im Mountainbiken.

Der holländische Radsportverband ernannte ihn zum größten niederländischen Fahrer aller Zeiten. Jedes Jahr gibt es im März ein Rennen, das Joop Zoetemelk Classic, das an seinem Denkmal in Rijpwetering entlangführt, wo er geboren wurde und aufwuchs.

**ANGEBERWISSEN** ▸ *Joop Zoetemelk war der erste Fahrer, der sich 1975 das Gepunktete Trikot des besten Bergfahrers überstreifen durfte.*

# DANKSAGUNG

## Suze Clemitson

Ich danke meiner brillanten Familie – Paul, meinem liebevollen Ehemann, meinem Sohn und Sonnenschein Tom sowie Jan, meiner wunderbaren Mutter – auf ewig für die Liebe, Zeit, Unterstützung und den steten Glauben in mich, meinen Weg weiterzugehen und dieses Buch zu schreiben. Und meinem Bruder, der mich mit all den schwierigen, aber berechtigten Fragen konfrontiert hat.

Ich danke Charlotte und Sarah und dem ganzen Team von Bloomsbury, dass sie das Manuskript angenommen und daraus dieses Buch gemacht haben – es war eine steile Lernkurve, aber auch unglaublich faszinierend und voller Vergnügen.

Ich danke Mark Fairhurst für die wirklich traumhafte Zusammenarbeit und seine perfekten Illustrationen.

Ich danke meinen Freunden auf Twitter, die mir mit Ideen und Gedanken für eine Radsport-Terminologie von A bis Z sehr geholfen haben und eine unerschöpfliche Quelle an Infos, Wissen und Klatsch waren.

Ich danke Lucy, die mein Händchen während Kaffeepausen und langer Spaziergänge gehalten hat und mir dabei half, nicht die Orientierung bei diesem Projekt zu verlieren. Und ich danke Ned und Kathy, die mir gleichermaßen halfen – allerdings mit E-Mails aus der Ferne über den Großen Teich.

Ich danke Rory Scarfe und Don McRae für ihre Begleitung und Unterstützung.

Ich danke Scott und John von Velocast, die mir durch schwere Zeiten hindurchgeholfen haben und vieles mehr.

Ich danke schließlich meinem über alles geliebten Vater, der mit mir zu den entlegensten Orten gefahren ist und neben mir am Straßenrand saß, Maigret lesend, während die Tour vorbeizog. Ich habe dir ein Buch versprochen – und nun hab ich es endlich geschafft!

## Mark Fairhurst

Herzlichen und wärmsten Dank an Heidi, die mich stets dazu ermuntert und wertvolle Tipps für meine Grafiken gegeben hat. Zeitgeist-Images könnte ohne sie einpacken!

Ich danke darüber hinaus natürlich Suze Clemitson für ihr Vertrauen, dieses tolle Buch illustrieren zu dürfen, Sir Dave Brailsford für das Vorwort, Charlotte Croft und Sarah Cole von Bloomsbury und schließlich meinen Followern auf Twitter.